贵族与士大夫

——青年学者眼中的中国史

〔日〕柿沼阳平 〔日〕饭山知保 编著

王博 等 译

上海古籍出版社

图书在版编目(CIP)数据

贵族与士大夫：青年学者眼中的中国史 /（日）柿沼阳平，（日）饭山知保编著；王博等译. —上海：上海古籍出版社，2022.3

ISBN 978-7-5732-0287-1

I.①贵… Ⅱ.①柿… ②饭… ③王… Ⅲ.①中国历史—古代史—文集 Ⅳ.①K220.7-53

中国版本图书馆 CIP 数据核字(2022)第 095183 号

贵族与士大夫
——青年学者眼中的中国史

〔日〕柿沼阳平、〔日〕饭山知保　编著

王博　等译

上海古籍出版社出版发行

（上海市闵行区号景路 159 弄 1-5 号 A 座 5F　邮政编码 201101）

（1）网址：www.guji.com.cn

（2）E-mail：guji1@guji.com.cn

（3）易文网网址：www.ewen.co

常熟市人民印刷有限公司印刷

开本 787×1092　1/32　印张 7.125　插页 3　字数 178,000

2022 年 3 月第 1 版　2022 年 3 月第 1 次印刷

ISBN 978-7-5732-0287-1

K·3154　定价：48.00 元

如有质量问题，请与承印公司联系

前　言

　　本论文集试图以"贵族"与"士大夫"为线索，对中国史加以重新探讨。

　　这一尝试本身并不鲜见。特别是在日本，早在东洋史学（主要是中国史研究）的黎明期开始，以"贵族"与"士大夫"为线索开展的中国史研究便已是主流之一，其先行者正是内藤湖南（1866—1934）。内藤湖南主张在魏晋时期出现了贵族社会，宋代以后转为科举士大夫的时代，唐宋之交则是中国历史上最大的变革期（唐宋变革论）。在区分漫长的中国历史之际，内藤湖南并不单纯地将远古作为上古，其后为中古，之后为近世，也不主张朝代分法（以王朝进行划分），而是思考各时代的意义及其独特性，探索"现代中国（1900年左右的中国）的形态源自何处"，并从唐宋变革时期寻求起点。内藤湖南认为，在唐宋变革以前的中国，被称作贵族（或名族）的特权阶级集团掌握了政治权力，他们十分重视血脉。但自唐中期以来，贵族的血统支配被打破，谱学的传统遭到切断，取而代之的是政治权力向皇帝的集中。与此同时，人民的地位和私权逐渐扩大，民间经济开始显现活力。科举的分量变得愈加重要，开启了不问血统而以学问高下为标准步入仕途的通道，如此一来，科举士大夫作为支撑皇帝的群体开始登上历史舞台。从这个意义来看，唐宋变革期也是贵族向士大夫转换的节点。

内藤湖南的学说在此后被以京都学派为中心的学者所继承。此外，20世纪的日本有不少信仰马克思主义史学的学者，集中在历史学研究会（历研派）旗下。在叙述中国史时，他们关注到各时期的经济生产基础，认为处于各生产方式之中的支配阶级与被支配阶级（如皇帝与豪族、皇帝与小农、豪族与奴隶等）的矛盾是创造新时期的契机，并尝试通过与京都学派相异的角度进行不同的时代区分，但最终他们中的大多数人也还是在唐宋之交发现了变革的存在。

此后进入21世纪，日本国内对于时代区分的争论渐转衰弱。以"贵族"和"士大夫"为题目的论文数量也开始减少。笔者生于1980年，在进入21世纪时还是一名早稻田大学在读研究生。当时在年轻学者中间充斥着"时代区分已过时了"的论调。随着苏联解体、中国市场开放，西欧自由主义扩张、相对主义崛起，日本引进了更为多样化的史观和研究方法，马克思主义在日本的影响力也发生了很大衰退。在京都学派和历研派之间引发战火的时代区分论争随着一方的完全失利，在表面上宣告终结。

然而，每当描绘中国通史时，每一个历史学者都会不可避免地考虑到时代区分。比如在撰写中学或高中的历史教材时，从头到尾都有所谓的"章"或者"节"，这些章节体现了时代的划分。而且在把握历史学的意义时，与其他时代和地区的历史作比较也不可或缺。费迪南·德·索绪尔假说曾指出，一个颜色的价值是通过与其他颜色的差异而体现出来的。从这个角度来看，不可能存在没有时代区分的历史学。应该说在不单纯以时间差异或王朝交替为标准，而是在理解内容的基础上对时代加以区分这一点上，内藤湖南并没有错。

在通过理解内容来进行时代区分时，随着理解的不断深入，区分方法也发生着变化。此时就出现了对唐宋变革论的历史学意义进行重新探讨的余地。20世纪后半叶以来，随着新资料的大幅度增加以及史料的电子数据化，中国史研究也随之飞速发展，我们的时代认知及对时代的区分也因此出现了变化的可能。事实上，不仅是在中国和日本，近年来即便是欧美也持续推进着对唐宋变革论的重新探讨，开始出现了以"The Song-Yuan-Ming Transition"、"The "Northern-and-Southern-Song Transition"、"Late-Ming-Early-Qing Transition"为线索对时代加以区分的研究。

内藤湖南或历研派运用西欧史学的"尺子"（古代、中世、近世等用语及封建制、共和制、民主制等概念）探讨了中国史是如何向近现代中国过渡的。但近年来也出现了主张应该发掘各时代固有价值的学者。围绕唐宋变革论区分的"贵族"与"士大夫"的实证研究在推进，学者们对于相关概念的规定也各有不同。当下日本的中国史学者基于多样化的标准形成了多样化的时代认识，这也折射出中国史的复杂之处及其魅力所在。然而，如果缺乏交流和相关梳理，则会持续陷入没有对话和争议的尴尬境遇。

那么，今天在日本活跃着的中坚学者是如何思考一直以来的时代区分论争，他们又是怎样认识贯穿于其中的"贵族"与"士大夫"这一概念的呢？我认为有必要试着对学术史加以梳理，各自提出见解以交流互动。幸运的是在笔者周围有一批充满热情的同辈学者，自2012年以来，笔者组织了"青年中国史论坛"，该论坛作为日本全国青年学者自发性集合的研究会持续发挥着作用。其中部分生于1980年前后的学者应邀尝试对前面的问题加以作答，由此形成了本书。换言之，本书梳理了"贵族""士大夫""名族""士人"这些概念是如何应用于学术史上，它们又带有何种理论背景的问题，借此从多角度重新对唐宋变革论加以验证，在再次确认其意义的同时谋求其相对化。最大的目的在于，由1980年前后出生的学者各自从自己的视角出发，对"在获取新时代认知的基础上，今后应该探讨什么"这一问题加以回应。

之所以以 1980 年出生为轴，是因为笔者生于 1980 年，邀请同辈的学者更加方便。而且在对于学术史的接受理解上，每一代人都有自己的一套方法。即便在中国，在阅读某篇古代史论文之际，"文化大革命"以前度过青年时代的学者和其他学者在"读法"上应当也是有所不同的吧。从这个意义上来看，向不同时代的人问询历史认识，对于理解 1980 年的日本也有重要意义。

本书分为"理论篇"和"实证篇"。在理论篇中，以"贵族"与"士大夫"为线索，整理了日、美、中三国的学术史，对以往学术史中应该积极继承下去的点进行摸索。除柿沼阳平、梅村尚树的论考外，武井纪子也赐下了关于日本古代贵族的学术史的论稿。这是为了从比较史学的立场对中国史上的"贵族""士大夫"概念进行理解。此外，为理解中国的学术史，仇鹿鸣氏也赐下相关论稿。在实证篇中，以"贵族"与"士大夫"为线索，集中了现在仍然持续着的若干学者的实证论文。分别由永田拓治、堀内淳一撰写魏晋南北朝时期、饭山知保撰写宋代以后的相关论文。作为研究日本古代贵族的实证研究，吉永匡史也赐下论稿。

在编撰本论文集之时，从 2013 年 8 月至 2014 年 9 月，借助于公益财团法人サントリー文化财团（关于人文科学、社会科学的跨学科组织研究补助。研究课题：贵族与士大夫）的补助金，我们得以定期召开读书会。其中关于很多方面的意见都无法取得统一，可见即便是在同辈人中，我们的见解也是各种各样的。因而拟先通过本书进行一次归纳梳理。本书是 2021 年度早稻田大学长江流域文化研究所的研究成果。本书受到早稻田大学地域、地域间研究机构的出版资助。

柿沼阳平

2022 年 3 月 5 日

目　录

中国古代的人们及其相互"联系"

柿沼阳平 著　王博 译

　　"孤独"是日本现代社会的一大问题。近些年在日本，一些与"孤独"这一社会现象相关联的，诸如"无交集社会""孤独死""孤零零""孑然一身""共同体坍塌"等词不绝入耳。有人将此种现象看作是从传统社会（乡村社会或邻里关系等）走向"个人的独立"，并对其加以肯定，认为是"从众人视线中的解放"，但也有人从孤独、不安、寂寞等情感角度出发表达了批判，看法因人而异。事实上，一方面存在着追求"孤独"、强调"个体"主体性的个人主义者，同时也有很多人虽厌嫌"孤独"，却无法摆脱"孤独"的煎熬。那么，究竟该怎样才能解决"孤独"这一社会问题呢？

　　需要注意的是，即使是那些正备受"孤独"煎熬折磨的人们，他们的生活也并非完全与周围脱离了"联系"，在当今世界，像鲁滨逊·克鲁索那般孤身一人在孤岛上生存的个人已十分罕见。大多数人们生活在由人类建造的建筑物中，使用着某厂家或机构制造的商品，从这个视角看，他们与其他人或多或少存在着一定程度上的"联系"。虽然有不少大学生甚至步入社会的人在上学、上班时摆弄手机，他们选择独自吃午饭，与工作、学习的同事之间刻意保持着某种距离，将自己封闭在自我世界里。但同时也有不少年轻人自发地积极组织和规划各种社会活动，在与朋友的交流中发挥着

1

主导作用，① 还有不少人用时下风靡的社交媒体与外界保持着"联系"。可以说，现代社会依然由不少"联系"所构成。

经常有人认为这种"联系"会随着现代货币经济的发展而消失。这是因为，一直以来，货币经济的发展都被看作具有破坏现有家族、同胞、人格性人际关系，助长经济合理性的个人主义的特点。② 因此，人与人之间的"联系"最终会因现代货币经济的发展而消失。然而实际上直到今天，人们的"联系"依然未被完全破坏殆尽，况且也不能就断定货币经济会单方面对人际关系持续造成破坏。③ 根据最新研究，稳定的人际关系及习俗的存在是货币经济本身的前提。④ 从这一点来看，不能单纯地将现在人与人之间的"联系"看作是"将要灭亡的过去的遗产"。不仅如此，随着社交媒体的快速普及，可以说，我们正面对着前所未有的新的"联系"形态。事实上，有一部分人并没有顺应这种趋势，他们反倒对其加以自行设计，并思考着与之相关的各种问题。⑤ 在这个意义上来看，人与人之间的"联系"不仅没有消亡，甚至可以说演进成为一种以往所未有的形态，而对这一形态无法适应的人往往会感到"孤独"。换句话说，"孤独"往往并不一定就意味着"断绝了联系"。

那么，探讨各时代、各地区的"联系"，通过对比来理解现代日本的"联系"，并据此摸索出更好的"联系"形态，应该是能够接近

① 横山寿世理《一人ぼっちは本当に怖いのか——2012 年大学生调查结果より》,《圣学院大学论丛》第 27 卷第 1 号，2014 年。

② 吉泽英成《交换と经济学》《货币と象征》,筑摩书房，1994 年。

③ Viviana. A. Zelizer. 2011. Economic Lives: How Culture Shapes the Economy. Princeton: Princeton University Press。

④ 盐泽由典《市场の秩序学》,筑摩书房，1998 年。

⑤ 东浩纪、滨野智史编《ised 情报社会の伦理と设计》,河出书房新社，2010 年。

"孤独"等问题的可行性方法。在此，也可以看出学习"联系的历史学"的意义之一环。

而且，学习"联系的历史学"的意义在更深层处与历史学的本质相关。一般而言，历史学被看作是以人类开始使用文字后为中心（而非使用文字之前的先史），[①] 对以人们相互间"联系"为媒介并酝酿出的文字史料为研究对象的一门学问。在这个意义上来说，历史学是一种承认历史上他人的存在，通过文字等媒介与他人建立"联系"，从而试图理解他人的学问。因此，人与人的"联系"相较其他课题而言，是与历史学的本质更为相关的重要课题。带着这一想法，笔者以前曾进行过如下叙述：

> 人与人进行某种交换这一意义上的广义交换（communication）是从太古便始终持续的人类日常经营之一。人们用语言进行交流，沟通心灵，并因此形成社会。所以，为理解某一时期、某一地区的历史，必须探讨该场域下作为个体的具体交换形态。[②]

笔者也将这一历史观定义作"交换史观"。总而言之，即笔者主张应将视角放在人们相互间的"交换＝联系"（communication）上，并因此究明各时期、各地区在这一方面的多种形态。

本文立足于这一问题意识，从中国古代史研究的黎明期说起，大致对日本学者关注中国古代史研究的原因进行确认。在此基础上，作为"联系的历史学"的一个环节，回顾和整理关于中国古代"联系"的学说，最终摸索出围绕该学说以探讨今后的发展方向，并因此对中

---

① 全国历史教育研究协议会编《世界史用语集》，山川出版社，2014 年。
② 柿沼阳平《中国古代货币经济史研究》，汲古书院，2011 年。

国古代和现代日本的"联系"加以比较,以帮助更好地探索"联系"这一课题。

第一节　战前的中国古代史研究

东洋史学的黎明期

1900 年以来的学术界,在中国古代史领域,立足于自清朝以前起持续的金石学、古钱币学等所谓清朝考证学,以及 20 世纪迅速发展起来的甲骨学、简牍学、考古学等成果之上不断累积起来了许多基础性研究成果。由于其基础是发端于古董收藏和古钱币爱好的金石学、古钱币学和 20 世纪初出现的甲骨学、简牍学、考古学等,因而其中存在不少问题,但后来随着以"实事求是""好学深思"为主旨的清朝考证学及利奥波德·冯·兰克以来的西洋实证史学的传入,研究精度得到大幅度提升。①

特别是在 20 世纪 30 年代,主张应着重收集整理史料并做具体分析的中国食货学派的活跃,② 以及 70 年代以来高涨的出土文字资料研究进一步推动了基础研究的发展。这种踏实的且逐一详细考证史料的姿态,可以说正是融合了清朝考证学与西洋实证史学后中国古代史

---

① 清朝考证学及兰克史学除强调实证外,也各自有着不同特征和思想背景,参见滨口富士雄《清代考据学の思想史的研究》,《国书刊行会》,1994 年,George Iggers. 1993. Geschichtswissenschaft im 20. Jahrhundert, Göttingen: Vandenhoeck& Ruprecht. 关于清朝考证学和京都学派中内藤湖南的关系,以及兰克史学被引入东京帝国大学的经过,参见 Joshua A. Fogel. 1984. Politics and Sinology: The Case of Naito Konan, 1866 - 1934. Cambridge: Harvard East Asian Monographs、Margaret Mehl. 1997. History and the State in Nineteenth-Century Japan. Basingstoke: Palgrave Macmillan. 中见立夫《日本的"东洋学"の形成と构图》,《岩波讲座"帝国"日本の学知》第三卷《东洋学の磁场》,岩波书店,2006 年等。

② 陶希圣《编辑的话》,《食货半月刊》第 1 卷第 1 期,1934 年。

研究所呈现出的一大特征。

另一方面，不少学者在很早以前就从这种基础研究另辟蹊径，他们对研究成果进行整合，并着力据此复原出中国古代史的大致流向。这一萌芽开始在 20 世纪初期的日中两国学术界崭露头角。虽然这在试图抓取中国古代史大致特征的东洋史学黎明期中，尚属大胆且稍显粗放的尝试，但对于追随这些先驱的后学而言，则提供了一个恰到好处的目标定位。特别是内藤湖南之后的京都学派，[①] 和以马克思主义史学为理论背景的学者，分别形成了日本的中国古代史两大学术潮流，在两者的内心深处，共同隐藏着清晰定位中国史在世界史中之地位这一宏大志向。[②]

唯物史观的抬头

在两大学术潮流之中，最早引起世界范围论争的是马克思主义史学。中国在 1927 年，由于中国共产党对蒋介石等发起的武装起义的失败，以共产主义者为中心，对中国史及在此基础上发展形成的现状进行认知，并重新审视今后社会主义革命方向性的时机高涨。作为其中的一个环节，开始寻求对中国史整体的系统性理解，发起了中国社会史论战。这是将社会主义革命以前的历史性历程作为"生产方式的开展过程"进行整合性追溯的产物，其基本以马克思唯物史观为依据。[③]

这意味着，一切历史的世界由上部结构（政治性、法的制度或诸社会性意识形态）及下部结构（诸生产关系）所构成，后者规定了前

---

① 内藤湖南《概括的唐宋时代观》，《内藤湖南全集》第 8 卷，筑摩书房，1969 年。

② 铃木俊、西嶋定生编《中国史的时代区分》，东京大学出版会，1957 年；谷川道雄编《战后日本の中国史论争》，河合文化教育研究所，1993 年。

③ Karl Marx, 1961. Karl Marx — Friedrich Engels Werke, Band13, Berlin: Dietz (originally printed in 1859)。

者的形态，后者的内在矛盾让历史得以发展，这一说法为许多历史学者所接受，并在当时的中国定型为"中国史＝中国生产方式的开展过程"这样一种理解（下文作唯物史观）。其后，西欧马克思主义者葛兰西和阿尔都塞等尝试将下部结构的绝对优越性加以相对化，虽然在日本，吉本隆明的共同幻想论等似乎让下部结构决定论停滞不前，但在中国史学领域，重视下部结构的古典唯物史观依然保持着生命力。

如此，在唯物史观论者中间，对各时期、各地区的生产方式加以把握便成为科学性的历史学课题，各生产方式中的支配者（如奴隶主或公司老板）及被支配者（如奴隶或公司员工）间的阶级矛盾被看作是产生新时期的原动力。揭露了历史上支配与被支配的关系，并发掘出被支配者的生活，探索通往更美好未来道路成为历史学者的责任。

这种倾向随着毛泽东所率领的中国共产党势力的不断发展壮大而席卷至整个中国历史学界，其作为历史理论更进一步由苏维埃联邦的斯大林定型为"世界史的基本法则"，主张世界各地历史或迟或早都会向相同的发展阶段发展下去。

原本许多遵循这种唯物史观的研究者为了说明中国在"世界史的基本法则"中掉队，处于落后于欧美列强及日本的现状，竭力将亚洲的特殊性和落伍性解释为"唯物论的＝科学的"，从而经常陷入缺乏实证的理论论战。在此过程中，德国的魏特夫及苏联的马歇尔的研究引起了关注。关于此时的学术动向，已有众多对研究史的整理性论文。①

针对这一理论论战，有部分学者再次强调基础性实证研究的意义

---

① 西嶋定生《中国古代帝国の形成と构造》，东京大学出版会，1961 年。增渊龙夫《新版中国古代の社会と国家》，岩波书店，1996 年。Arif Dirlik. 1978. Revolution and History: The Origins of Marxist Historiography in China, 1919‑1937. Berkely: University of California Press。福本胜清《アジア的生产样式论争史——战前日本编》，《明治大学教养论集》通卷 351 号，2002 年。

而结成了食货学派等，但生产方式争论此后依然持续。① 虽然在今天的中国，这种方向性多少得到调整并呈现出多样化的研究，② 但唯物史观的影响依然不小。③

战前、战时日本的中国古代史研究

另一方面，经过江户时代的本居宣长以来对中国的否定观念，以及脱亚思想（进而认为在亚洲范围只有日本才成功完成了西欧化、近代化的思想）的高涨，经过日清战争中日本的胜利等一系列事情，在战前的日本逐渐蔓延起对中国的侮蔑感，④ 解放被西欧列强殖民地化的亚洲，转由日本来进行引导的论调开始提高。原本主张与欧美诸国进行对抗并相互承认亚洲各国彼此的多样性，在此基础上，形成亚洲国家共存共荣格局的亚洲主义，没能逃脱帝国主义、霸权主义的桎梏。⑤ 许多知识分子在应重视与亚洲友好合作，对抗欧美列强的兴亚思想中，吸取脱亚思想，由此开始强调由日本支配亚洲的论调。

反过来说，其前提是日本之外的亚洲各国如果离开外国的帮助，便无法实现近代化，在他们内部存在着阻碍近代化发展的社会性重要

① 张广志《中国古史分期讨论的回顾与反思》，陕西师范大学出版社，2003年。罗新慧《20世纪中国古史分期问题论辩》，百花洲文艺出版社，2004年。

② 杨振红、徐歆毅《改革开放以来的秦汉史研究》，《文史哲》2010年第1期。

③ 历史研究编辑部编《坚持与发展唯物史观》，《历史研究》2007年第1期。

④ 关于江户明治时期对中国的认识，松本三之介《近代日本の中国认识 德川期儒学から东亚协同体论まで》（以文社，2011年），坂野润治《近代日本とアジア》（筑摩书房，2013年）可以作为参考。另外，关于"脱亚"，福泽谕吉的"脱亚论"虽然很有名，但平山洋《福泽谕吉の真实》（文艺春秋，2004年），平山洋《アジア独立论者 福泽谕吉——脱亚论、朝鲜灭亡论、尊王论をめぐって》（ミネルヴァ书房，2012年）将福泽谕吉的脱亚思想（排斥儒教的主张）和论说"脱亚论"加以区别，在战前的日本，论说"脱亚论"的实际影响力很低，而且福泽谕吉本身是否抱有对亚洲的蔑视也存在疑问，在这方面今后有争论，需要加以注意。这一点受到了小山俊树氏（帝京大学）的指点。

⑤ 中岛岳志《アジア主义——西乡隆盛から石原莞尔へ》，潮出版社，2017年。

因素。这种落伍的亚洲形象，最初是欧美列强对包括日本的亚洲诸国的早期印象，而在亚洲内部却演变成为先一步实现近代化的日本对中国的认识。[①] 这样一来，在日本，约翰·穆勒及黑格尔以来的停滞史观开始具有影响力，津田左右吉的支那研究，[②] 以及魏特夫的水力社会论成为其理论支柱。

而且，在 1930 年前后的中国，亚洲生产方式论争的爆发对日本学界也带来了很大影响，并助长了上述停滞史观的形成。生产方式论依据生产力这个单一尺度切割历史，其背景是当时中国的生产力劣于日本这样一种事实。其因"科学的立证中国是如何在近代化上落后于日本的"而受到日本的民族主义者支持，同时也受到立志解放"停滞的亚洲"的日本马克思主义者的支持。[③] 虽然在战前日本的中国史研究中，有许多研究并不能单纯以"亚洲共同体论""停滞论"一语而概之，[④] 但无论怎么说，唯物史观在马克思主义者和日本民族主义者的夹缝中保持并延续了其命脉也是事实。

第二节　战后日本的中国古代史研究

对停滞史观的批判

二战结束后，战前的中国史研究迅速被重新加以审视。特别是在战国秦汉史领域，伴随着基于文献史料的实证研究的不断积累，以居

[①]　子安宣邦《"アジア"はどう語られてきたか》，藤原书店，2003 年。

[②]　津田左右吉《シナ思想と日本》，《津田左右吉全集》第 20 卷，岩波书店，1965 年。

[③]　竹内好《日本人の中国観》，《竹内好评论集　日本和亚洲》第 3 卷，筑摩书房，1966 年。

[④]　岸本美绪《中国中间团体论の系谱》，《岩波讲座"帝国"日本の学知》第 3 卷《东洋学の磁场》，岩波出版，2006 年。

延汉简为起点，出土文字资料开始广受瞩目，注重"逐字逐句"的实证研究稳步发展。[①]

与此同时产生了一种史观，认为中国史并不单纯是停滞的历史，在某些方面是进步和发展的历史（对停滞史观的批判）。其背景是对日本帝国主义造成中国史暂时停滞的反省意识。[②] 虽然本来战前、战时的中国史研究业已呈现出较为明显的多样性，但在战后，它们常被以停滞史观的名义定罪，并因为与对外侵略的"同案犯"关系而受到强烈批判。

最早吹响对停滞史观冲击号角的是西嶋定生的早期研究，及其在此基础上汇总而成的在历史学研究会大会所作的报告。[③] 标榜着唯物史观的历史学研究会，从战时被压制的反作用力开始，尤其是在战后形成了巨大的影响力，西嶋也被看作是其中的核心论者之一。到了 1949 年，随着中华人民共和国的成立，唯物史观在中国也得到重视。这促使在 20 世纪 50 年代，日中两国同时推动了基于唯物史观的中国古代史研究的发展前进。

开启战后日本中国古代史研究的西嶋定生本人注意到作为中国史特征的皇帝制度。也就是，为什么在中国会产生仅凭皇帝一人掌控大权的体制？作为该体制起点的秦汉帝国又是如何形成的？为了理解中国独有的生产方式，必须首先解明支配统治中国的独特的皇帝制度实态。

如上一节所说，在唯物史观中，将各生产方式内的支配阶级和被支配阶级（如皇帝与豪族、皇帝与小农、贵族与奴隶等）之间的矛盾看作是创造新时代的契机。因而，对于标榜批判停滞史观的唯物史观

---

① 柿沼阳平《日本的中国出土简帛研究论著目录（1910—2011 年）》，《简帛研究》2011、2012 年，广西师范大学出版社，2013 年。

② 田中正俊《アジア社会停滞论批判の方法论的反省》，《中国近代经济史研究序说》，东京大学出版会，1973 年。

③ 西嶋定生《中国古代帝国形成の一考察——汉の高祖とその功臣》（《中国古代国家と东アジア世界》，东京大学出版会，1983 年），西嶋定生《古代国家の权力构造》（《中国古代国家と东アジア世界》，东京大学出版会，1983 年）。

论者而言，秦汉帝国的形成是重要的论点。

秦汉帝国论争

如此一来便产生了秦汉帝国论争。堀敏一将这一经过大致分为围绕以下三大问题的"质疑"，即：① 拥有大面积土地的经营应属于奴隶制还是农奴制（或者佃农制）阶段；② 皇帝和小农关系阶段；③ 介于国家和农民之间，并保障着农民生存，将支配国家变为可能的"共同体"处于何种形态的阶段。[1] 除此之外，围绕秦汉帝国论争的分歧还涉及其他诸多方面。[2]

这一论争的持续发酵引出了一系列问题，如秦汉时期强有力的皇权在此后是否得到存续。有的论者认为东汉属于豪族政权，有的论者认为魏晋南北朝是贵族制社会，还有的论者提出唐代以前的皇帝权力是一贯且强有力的，在他们之间，产生了对时代区分的争论。其中，关于东汉豪族、魏晋六朝贵族制的论争史，已有详细的学术史研究。[3] 值得关注的是，在该论争中，围绕对"① 拥有大土地经营是奴隶制还是农

---

[1] 堀敏一《コメント多田狷介〈戦国・秦漢期における共同体と国家〉》，《史潮》新 2 号，1977 年。

[2] 東晋次《秦汉帝国论》，谷川道雄编著《戦後日本の中国史论争》，河合文化教育研究所，1993 年。

[3] 越智重明《魏西晋贵族制论》，《东洋学报》第 45 卷第 1 号，1962 年。小尾孟夫《贵族制の成立と性格——その研究史的考察》，今堀诚二编《中国へのアプローチ——その历史的展开——》，劲草书房，1983 年。川合安《南朝贵族制研究》，汲古书院，2015 年。小嶋茂稔《戦後日本の中国古代国家史研究——后汉时代史研究の视点から——》，《汉代国家统治の构造と展开》，汲古书院，2009 年。小嶋茂稔《汉魏交替と"贵族制"の成立をめぐって》，《历史评论》第 769 号，2014 年。都筑晶子《六朝贵族研究の现况——豪族・贵族・国家》，《名古屋大学东洋史研究报告》第 7 号，1981 年。茂森健介《中国史における贵族制研究に关する觉书》，《名古屋大学东洋史研究报告》第 7 号，1981 年。籾山明《对汉代豪族论への一视觉》，《东洋史研究》第 43 卷第 1 号，1984 年。中村圭尔《六朝贵族制论》，《六朝政治社会史研究》，汲古书院，2013 年。中村圭尔《日本における魏晋南北朝史研究》，《六朝政治社会史研究》，汲古书院，2013 年。

奴制（或小农制）的阶段；② 皇帝和小农关系的阶段"的质疑，均受到浓郁的唯物史观色彩影响，其中心论题是秦汉帝国之下的支配、被支配关系，积极描绘民众间"联系"之处甚少（图1）。然而，在①②以前，要说产生"联系的历史学"的研究萌芽完全没有，其实也不尽然。这一点接下来进行确认。

图1 秦汉各阶层之间的关系

对民众社会的关注①

若对战前的中国史研究进行仔细回顾，可以发现多个即将要形成"联系的历史学"的萌芽。

从幕末的胜海舟开始，有不少人看出中国政治与社会的距离（即所谓游离论），指出中国人民具有不为政治权力变动及国家兴亡所左右的顽强和独立生存、自治、自卫之力。原本，这种游离论轻视了社会（人民）对国家的影响力，漠视了中国人民发动主体性社会变革的可能性。从这个意义上来看，游离论里也的确孕育着与停滞史观结合为一体的危险因素。① 虽然如此，但也正是由于此，才第一次有目光

① 松本善海《旧中国社会の特质论への反省》，《东洋文化研究》第9号，1948年。松本善海《旧中国国家の特质论への反省》，《东洋文化研究》第10号，1949年。松本善海《中国史における国家と社会との对立》，《中国村落制度の史的研究》岩波书店，1977年。尾形勇《中国古代の"家"と国家》，岩波书店，1979年。

聚焦到民众社会。

在这种聚焦民众社会的中国古代史研究中，作为战前的高峰，京都学派的遗产再次受到关注。如在第一节所说，日本战前中国史研究有京都学派和马克思主义史学两大学术潮流，最早引起世界关注的是马克思主义史学。这是因为，京都学派的学问带有强烈抗拒简单的理论化的性质，其内容固定于中国史研究方面，再加上向英语圈翻译过去需要时间，而且也不是来自欧美的构思。但是，事实上，京都学派的构思中蕴含着发展至现如今中国史研究的可能性（特别是在欧美，近年来有关京都学派开拓的唐宋变革论与宋以后士大夫、科举研究等相关研究十分显著）。

其中，自发现中国社会的根基并非是个人，而是乡团（同姓亲族构成的组织）的内藤湖南的研究以来，[①] 无论是桑原隲藏围绕家族式纽带的成果《中国の孝道》，[②] 还是宫崎市定基于人与人情义纽带的《游侠に就て》等，[③] 都蕴含着对"联系的历史学"的洞察。特别是内藤的乡团论，被看作是连接其后明清地域社会论（后述）的一系列中间团体论（对国家和个人之间所存在的宗族、村落、行会等集团加以总称的抽象概念的诸多说法）的先驱。[④]

与京都学派的业绩不同，我们也要留意到对中国历史上相互帮扶习惯的清水泰次的研究，[⑤] 以及诸桥辙次、加藤常贤、牧野巽以来的

---

① 内藤湖南《支那论》，《内藤湖南全集》第5卷，筑摩书房，1972年。

② 桑原隲藏《中国の孝道》，《桑原隲藏全集》第3卷，岩波书店，1968年。

③ 宫崎市定《游侠に就て》，《宫崎市定全集5 史记》岩波书店，1991年。

④ 岸本美绪《中国中间团体论の系谱》，《岩波讲座"帝国"日本の学知》第3卷《东洋学の磁场》，岩波出版，2006年。岸本美绪《"市民社会"论と中国》，《地域社会论再考 明清史论集2》，研文出版，2012年。

⑤ 清水泰次《支那史上の相互扶助について》，《经济学商业学国民经济杂志》第31卷第2号，1921年。

中国古代家族、宗族史研究都属于与"联系"相关的学说。① 接下来介绍的三个研究也需要加以关注，三者可以说是 20 世纪 60 年代后"联系的历史学"快速发展的前奏。

对民众社会的关注②

第一个是清水盛光的研究。② 在战前，清水所隶属的满铁调查部，是因《中国农村惯行调查》而为人所知的中国农村研究的一大据点，清水本人在中国大连时也曾与当地乡村社会有所接触，并试图了解战前中国乡村社会的情况。他认为，以皇帝为顶点的东洋专制社会，其根基是农村共同体，战前生活在中国的农村共同体中的人们并不具有独立的"个体"的自觉，而是作为共同体的成员，或被支配者生活。这种对战前中国乡村社会的看法虽然在此后招致诸多批判，③但清水基于这一立场，持续推进了战国秦汉时期乡里社会内部相互帮扶习惯的研究。清水指出，虽然当时的士人阶层重视家族道德，轻视乡党意识（地缘性共同意识），但在民间，则呈现出相互帮扶习惯和根深蒂固的乡党意识。

第二个是增渊龙夫的研究。④ 增渊认为到春秋战国时期，周王朝建立的秩序混乱，在乱局下，传统的氏族制的邑共同体（具相同血缘关系的人们集居的邑）开始崩塌。在这一过程中，士（卿、大夫的家臣）变成流动的游民阶层，成为说客及任侠。这里所谓的任侠是指，

---

① 加藤常贤《支那古代家族制度研究》，岩波书店，1940 年。诸桥辙次《支那の家族制》，《诸桥辙次著作集》第 4 卷，大修馆书店，1975 年。牧野巽《牧野巽著作集》第 1 卷，御茶の水书房，1979 年。

② 清水盛光《中国乡村社会论》，岩波书店，1951 年。

③ 旗田巍《中国村落と共同体理论》，岩波书店，1973 年。

④ 增渊龙夫《新版　中国古代の社会と国家》，岩波书店，1996 年。

在民间以武器施展武勇，通过私交拉帮结派，对侵犯宗族朋友的人施以报复，在冒着犯罪及生命危险时依然重大节义气从而享有信赖和声誉的人。增渊认为，这种任侠式的习俗取代了氏族制成为人们新的纽带，并看到其存在于家父长制周边的各种社会阶层中。

第三个是宇都宫清吉的研究。① 这是京都学派的成果之一，与关于"共同体"的学术史潮流直接关联。根据该研究，在思考皇帝和民的支配—被支配关系时，一直以来往往忽视了民原有的"公共社会式的生活组织"。这里的"公共社会式的生活组织"是基于费迪南·滕尼斯所主张的二分法之语，二分法认为在近代西欧，由公共社会（依靠地缘、血缘或友情而深深缔结的自然发生的、有机体的共同体）转移到了利益社会（将利益与功能作为第一追求的机械性集合体）。② 宇都宫认为秦汉帝国并非是对民分别进行个体支配管理，他注意到在帝国支配的根基中一个个家族的存在（特别是包含有父母、妻、子、兄弟的三族制家族）。他认为，秦汉时期的家族由宗族（同姓的父系集团）及较之关系稍远的人们（九族、乡党）所组成，由有能力且德高望重的三老（掌管教化的乡官）统领。在其内部，人们以孝（基于人性自觉而赡养父母的精神）与父母相联系。汉帝国介入其中，对民以个体形式分别加以支配管理并不容易，因此转而重用儒者，以他们为媒介支配乡里。然而，当由于天气等原因引发家庭之间产生经济上的差距时，便出现了阻碍皇帝支配的豪族，从而导致汉帝国坍塌。这就是宇都宫的看法。

---

① 宇都宫清吉《汉代社会经济史研究（補訂版）》，弘文堂书房，1967 年。宇都宫清吉《中国古代中世史把握のための一視角》，《中国古代中世史研究》，创文社，1977 年。

② Ferdinand Tönnies, 1887. Gemeinschaft und Gesellschaft, Leipzig: Fues.

通向"共同体"的道路

在上面的学说中，清水的学说是以经书和史书为史料依据的，因此其指出的"联系"是儒学理念还是历史现实，仍有探讨余地。而且，中国村落史研究在此后发展为围绕战国秦汉时期的乡里是自然村还是行政村的争论，[①] 对于里民之间的种种"联系"似乎相对关注较少。

再来看增渊的学说，他指出秦汉时期的皇帝支配并非是赤裸裸的暴力的上下关系，而是基于支配者与被支配者之间的人格关系。这一看法为学术界所接受，[②] 并促使战国末期至汉初共同体与土地之间关系方面的争论更加活跃。[③] 但在之后，关于任侠与其他"联系"的综合性研究并没有因此而发展。

宇都宫的学说则发展为围绕战国秦汉时期家族的争论（是三族制，还是一口五人左右的小家族），[④] 及关于豪族的争论（是阻碍皇帝支配人民的要素，还是乡里秩序的负责人），并未作为定说被学术界毫无批判的完全接受。而且，宇都宫过于强调公共社会式的生活组织，从而过于忽视了潜伏在民间社会的上下关系与矛盾对立关系，关

---

① 池田雄一《中国古代の聚落と地方行政》，汲古书院，2002 年。

② 谷川道雄《中国中世の探求历史と人间》，日本エディタースクール出版部，1987 年。

③ 堀敏一《中国古代史と共同体の问题》（《骏台史学》第 27 号，1970 年），堀敏一《コメント多田狷介〈战国・秦汉期における共同体と国家〉》（《史潮》新 2 号，1977 年），好并隆司《秦汉帝国史研究》（未来社，1978 年），多田狷介《汉魏晋史の研究》（汲古书院，1999 年）。

④ 饭尾秀幸《中国古代の家族研究をめぐる诸问题》（《历史评论》第 428 号，1985 年），小寺敦《先秦家族史および邻接诸分野研究の展望——婚姻史を中心として——》，《先秦家族关系史料の新研究》（汲古书院，2008 年），铃木直美《中国古代家族史研究の现状と课题》（《中国古代家族史研究——秦律・汉律にみる家族形态と家族观——》（刀水书房，2012 年）。

于这一点也存在问题。[1]

不管怎样，清水、增渊、宇都宫三人很早就注意到民与民之间的人际关系这一点是事实。这不同于以往从经学、制度史、法制史开展的家族乡里研究，也不同于从国家、乡里、家族内部探寻支配与被支配关系，是以民与民之间"联系"为主题的研究萌芽。

在这种研究动向下产生的是以川胜义雄、谷川道雄为旗手的"共同体"论。可以说它真正将支撑秦汉帝国中民与民之间"联系"作为主题。

根据该论，春秋战国时期氏族制的邑共同体坍塌后，独立的小农们对以平面式的里（没有上下阶级结构的里）为中心的"共同体"进行了重组（里共同体）。到东汉末，发展为由地方上有名望的豪族进行领导（豪族共同体），豪族为了保持自身名望而克制私欲，对里人进行帮扶，以图支撑里内部的共同性。这样一来，豪族成为东汉末年乱世中肩负相互扶助型乡里社会的领导者，其后摇身一变成为贵族。[2]

这与将民看作是深埋于"共同体"内毫无个人自觉的清水的学说，以及将人格关系看作是支撑支配者与被支配者的增渊的学说不同，[3] 它高度评价了通过祭祀、自卫、生产等缔结的民与民之间的人格关系，将抗拒私利，体现相互帮扶的地方名门望族看作是"中国中

---

[1] 松本善海《旧中国社会の特质论への反省》（《东洋文化研究》第 9 号，1948 年），松本善海《旧中国国家の特质论への反省》（《东洋文化研究》第 10 号，1949 年）。

[2] 川胜义雄、谷川道雄《总论》，中国中世史研究会编《中国中世史研究》，东海大学出版会，1970 年；川胜义雄《六朝贵族制社会の研究》，岩波书店，1982 年；谷川道雄《中国中世社会と共同体》，国书刊行会，1976 年。

[3] 谷川道雄《中国中世の探求历史と人间》，日本エディタースクール出版部，1987 年。

世"的创造主。这种将地方名门望族看作"中国中世"主角这一点本身，便符合内藤湖南、冈崎文夫以来京都学派的看法。①

关于"共同体"的争论

上面的这种"共同体"论，很快便受到了特别是来自唯物史观立场的批判，② 其内容为：

太过于轻视下部结构（经济基础）对历史因果关系的影响，违反了唯物史观。不仅有违唯物史观，这一史观也并不科学，无法把握住历史上的因果关系，也很难将中国史与其他地域史加以比较，也缺乏向世界史的展望。强调"共同体"内的横向联系，就意味着轻视、遮蔽历史上存在过的纵向联系（支配与被支配关系）。无视以皇帝为顶点的专制国家权力在中国历史上延绵不断存在的事实。否定了中国史作为反帝国、反封建斗争史的价值。其轻视了贵族与民、豪族与民，以及民与民之间所包含的上下关系、纠纷和矛盾，过于理念性、理想论。

---

① 冈崎文夫《魏晋南北朝通史（再版）》，弘文堂，1954 年。
② 堀敏一《中国古代史と共同体の问题》，《骏台史学》第 27 号，1970 年；重田德《封建制の视点と明清社会》《中国封建制研究の方向と方法——六朝封建制论の一检讨——》，《清代社会经济史研究》岩波书店，1975 年；渡辺正宏《中国史における封建制理论の再检讨》，《岐阜县社会科研究会〈高校〉会报》第 9 号，1970 年；木全德雄《中国古代中世史把握の视角と方法をめぐって——》，《历史科学》第 33 号，1970 年；菊池英夫《1970 年回顾と展望魏晋・南北》，《史学杂志》第 80 卷第 5 号，1971 年；田中正俊《中国の变革と封建制研究の课题（一）》，《历史评论》第 271 号，1972 年；好并隆司《秦汉帝国史研究》，未来社，1978 年；多田狷介《汉魏晋史の研究》，汲古书院，1999 年；藤家礼之助《中国古代中世社会の考察》，《汉三国两晋南朝の田制と税制》，东海大学出版会，1989 年；五井直弘《中国古代史と共同体——谷川道雄氏の所论をめぐって——》，《中国古代の城郭都市と地域支配》，名著刊行会，2002 年。

对此说法，川胜、谷川自然迅速予以反击。① 对于批判"仅将历史作为阶级支配基础的私有制发展史，并试图将之与近代相联系的战后构想"的川胜与谷川来说，显然难以接受上面的诸多批评，这导致"共同体"论争爆发，一直到上世纪80年代开展了激烈的讨论。② 经过这一论争，留下了诸如汉代豪族的定位、汉代豪族与魏晋贵族的关联性、私有制以及非私有制的历史性意义等课题。

就这样，"共同体"论争议点涉及多方面，直到今天，对其是非进行讨论依然并不容易。谷川本人自上世纪80年代起长期固守自己的看法，③ 虽然其有一定的支持者，④ 但俯瞰近年的学术界动向，整体而言，似乎对"共同体"论持不关心态度的研究在增多。⑤

原来如此，我们现在已经习惯了顺应停滞史观，无论是沿着单一路线（世界史的基本法则），还是复数的路线，已经不太能轻而易举

---

① 谷川道雄《中国中世の探求歴史と人間》，日本エディタースクール出版部，1987年。川胜义雄《中国人の历史意识》，平凡社，1993年。

② 谷川本人认为，共同体论争持续到80年代初，但整体在70年代后半期消声。其后，堪称培育川胜、谷川"共同体"论摇篮的中国中世史研究会的方向发生转换，爱宕元、气贺泽保规、东晋次在"前言"（中国中世史研究会《中国中世史研究续编》，京都大学学术出版会，1995年）中宣言道："我们并不一定对其（柿沼注：豪族共同体论）加以全面肯定。相对于豪族共同体论中强调精神主义的立场，我们中的部分人感到略有违和感，同时又深感在豪族共同体论中存在着概括不尽的多样且广泛的课题。"

③ 谷川道雄《日本における魏晋南北朝史研究の回顾》（《中国史学》第2卷，1992年）感叹1980年代以后的研究呈现出独立且分散化趋势。在谷川道雄《中国国家论序说——阶级と共同体——》（《名古屋大学东洋史研究报告》第33号，2009年）中，他主张在秦汉帝国建立时期，官员从事国家运营，民则提供劳役与生产物的这种前代以来的阶级分工体制在被继承的同时，官民之间依据出身家族来区别身份这一点已然消失，保持着重视里的平行性的态势。

④ 奥崎裕司《中国史から世界史へ谷川道雄论》，汲古书院，1999年；李济沧《东晋贵族政治史论》，江苏人民出版社，2016年。

⑤ 例如在窪添庆文编《魏晋南北朝史のいま》（勉诚出版，2017年）中，看不到一篇以《共同体》为题目的研究成果。

地接受人类历史不可逆的不断发展进步的史观（发展史观、进步史观）了。正如岸本美绪所概括的那样："今天的问题是相较于是发展还是停滞而言，该如何妥善的保持支撑着以往停滞论和发展论的本质论框架。体现这一框架的根本性历史印象——通过内在潜实力的发展结果作为渐次性、有目的性、不可逆性的朝着本应变化方向的发展观念，以及其背后作为实体的社会观，才应该成为怀疑的对象。"①

其背景是"幸福""丰富"这样一直以来作为衡量"发展""进步"标准的指示内容的多样化。在这个意义上，对于很难描述确切的理想未来，并无从把握到达未来的因果关系的我们来说，很自然地认为将民众自发、自律的团结力（共同体）看作历史动因的谷川和川胜的主张略微过于天真烂漫了。就战国秦汉时期（特别是西汉时期以前）而言，川胜、谷川将汉代社会作为平面的里（不含上下阶级结构的里）这一点，似乎已经被实证性的研究批判殆尽。②

从"共同体"论向地域社会论

话虽如此，川胜、谷川将看问题的焦点置于"联系""共同体"

---

① 岸本美绪《时代区分论》，《风俗と时代观明清史论集 1》，研文出版，2012 年。

② 饭尾秀幸《中国古代における国家と共同体》（《历史学研究》第 547 号，1985 年）以战国秦时期里人之间存在差距为前提，而国家为了安定秩序，主体性的试图校正调整里人之间的差距。渡辺信一郎《中国古代社会论》（青木书店，1986 年）及渡辺信一郎《中国古代の财政と国家》（汲古书院，2010 年）认为，汉至唐以小经营生产方式（生产过程内不含明确的分工协作，在分散的生产方式的基础上孤立性进行经营耕作的分田农民的生产方式）为基础，将土地作为国家所有（无论国家是否给予或没收土地，都由国家收取土地经营的剩余生产物），秦汉社会是由富豪、中等阶级、贫民三层形成的非平行社会，一部分富豪阶层外的人们即使到达了土地占有（世袭占有）的阶段，也没有到达私有土地阶段，这在阡陌制坍塌后（东汉末）发生变化，在唐宋变革时期从国家农奴制阶段转移至私有土地阶段。两者虽观点有所不同，但在对平行的里进行批判这一点上是共通的。

上，如后文所述，这一点可能让我们无法轻视。也就是说，川胜、谷川的"共同体"论不仅仅是论述了战国秦汉时期乡、里这样的实体行政区划，其被灵活且宽广的以"地域社会"为主题的讨论所继承，并由此产生了丰富的研究成果。谷川本人认为作为概括了宗族、乡党的实体概念的"乡里社会"是"共同体（以人格为中心的社会的结合原理）"的具体表现形态，虽然他强调"共同体"论和"地域社会"论之间所存在的差异，① 但后者又确实是在前者的延长线上衍生出来的产物。

特别是 20 世纪 80 年代，发起明清时期地域社会论的森正夫将"地域社会"定义为："虽然孕育着阶级矛盾和差异，但在广义上，为了再生产而直面着共通的现实课题的人们身处在共通的社会秩序下，由共通的领袖（指导者或集团）所领导并加以统合起来的地域场所。"而且，"带着对立和差异的一个个人们，被其他方面所统一，共同联合起来，以此为契机，关注着意识领域，掌握地方场所，……彻底的思考对立物统一的契机、结构，以及意识领域"是地域社会论的课题。② 其根基看上去是个人与个人的相遇，相互间不断接触而形成社会关系网的过程，以及对生出社会统合的磁力的关注。

其后，森正夫的提议被以各种形式继承发展开来。关于 20 世纪 80 年代以降的相关研究，森正夫本人制作了文献目录。其中，作为地域社会论代表性学者之一，从而受到关注的岸本美绪坦率地惊叹道："与我差不多知识有限的无数人，在各自行动的同时，创造了较

---

① 谷川道雄《「共同体」论と六朝乡里社会—中村圭尔氏の疑念に答える—》，《东洋史苑》第 54 号，1999 年。

② 森正夫《中国前近代史研究における地域社会の视点——中国史シンポジウム「地域社会の视点——地域社会とリーダー」基调报告》，《森正夫明清史论集》第 3 卷，汲古书院，2006 年。

为秩序井然的社会，并且他们对这个社会的稳定性几乎毫无怀疑的生活着。"岸本认为，"人们在社会的一隅选择的行为，将其集合起来便是社会，从这一视角来看，为什么人们要做如此行为呢？""想看看和我一样对社会整体抱有不透明感的人们，是如何摸索着创造出社会的"。① 可以说，这揭示出了地域社会论的核心问题之一。

如同岸本美绪所指摘的那样，对于川胜、谷川的"共同体"论也能以同样的观点进行重新评价。也就是说，如果战国秦汉时期没有"平面的里"，那么战国秦汉社会事实上就不会呈现出多米诺骨牌式的解体和崩溃。因此，战国秦汉时期产生了一定秩序的因果是问题所在。例如，如同唯物史观，以功利性、斗争性人物形象为前提，则这一点更加成为难题。从而变为托马斯·霍布斯以来所质询的从"万人对万人的斗争"中如何产生秩序这样的难题。

基于上述问题意识的地域社会论，批判了"秦汉帝国的支配是统一且整齐划一的"这种历史形象，是与思考帝国内部地域性的所谓"地域性研究②"似是而非之物。在唯物史观全盛的 20 世纪 60 年代强调"共同体"存在的川胜、谷川所提问题的意义在这里得到了承认。③

反过来说，这不是为了强调人类功利性、斗争性的侧面，其在问

---

① 岸本美绪《序》，《明清交替と江南社会》，东京大学出版会，1999 年。

② 藤田胜久《战国秦汉地域史の研究》，《中国古代国家と郡县社会》，汲古书院，2005 年。柴田登《战国史研究の视角——诸子百家と战国时代の"国"をめぐって》，《名古屋大学东洋史研究报告》第 18 号，1994 年。饭田祥子《秦汉人民支配形态论の再检讨序说——时期の变迁と地域の差异を视野にいれて——》，柴田升编著《「汉书」とその周边　秦汉文献资料研究　》，昆仑书房，2008 年。鹤间和幸《秦帝国史研究と地域》，《秦帝国の形成と地域》，汲古书院，2013 年。

③ 岸本美绪《モラル・エコノミー论と中国社会研究》，《清代中国の物价と经济变动》，研文出版，1997 年。

题意识上，与关注人与人之间共鸣、博爱心重要性的亚当斯密，[①] 以及留意历史上非私有制意义的马塞尔·莫斯相通。[②] 顺便要说的是，目前已经发现人与人在产生意识以前，脑内已经具有在基本层面上为了相互共鸣并深度交往的镜像神经元，[③] 以及能够提高人类相互依赖和道德的荷尔蒙。[④] 从这一点来看，谷川、川胜的说法很可能并不仅如同田园牧歌式的观念论那般简单。

第三节 "联系的历史学"与新的可能性

"联系"的重要性

通过上文对学术史的整理，可知在中国古代史研究领域，乡里社会与"共同体"置身于风口浪尖，很早便被从各个角度加以探讨。特别是以"人们在社会的一隅选择的行为"为起点，由此勾勒出社会秩序产生的因果关系及其过程的岸本美绪，他的问题意识对于今后中国古代社会史研究也富有启发。目前我们已经不是以经济合理主义的人的形象为前提，也不以特定的未来形象为终点，而是来到了应该以与生产史观、阶级斗争史观、停滞史观、发展史观相切割的形态关注"共同体""地域社会"的阶段。而且，不应单纯将其看作是静态的公共社会集团，而应持续关注其表现方法及其中所包含的不协

---

① Adam Smith. 1759. The Theory of Moral Sentiments. London: Printed for A. Millar, in the Strand; and A. Kincaid and J. Bell, in Edinburgh.

② Marcel Mauss. 1925. Essaisur le don: Forme et raison de l'échange dans les societiesarchaïques, L'Anné Sociologiques nouvelle série1.

③ Iacoboni, Marco. 1984. Mirroring People: The New Science of How We Connect with Others. Cambridge: Harvard East Asian Monographs.

④ Zak, Paul J., 2012. The Moral Molecule: The Source of Love and Prosperity. New York: Dutton Adult.

和音。

再次关注被称作"共同体""社会秩序""地域社会"等集合体的构成要素，则可以看出其根基存在着各种人的"联系"。换句话说，在将特定的人类集团进行因数分解后，其最终端并非是单一的个人，而是由多人所形成的"联系"。事实上，"共同体"是进行"共同"行为的人们的译语，来自拉丁语中的 communis（共通的），"社会秩序"的"社会"也来自拉丁语的 socius（伙伴），均与"个人"及无秩序的集团有所区别。① 作为共同体与社会的近义词，还有来自佛教用语的"世间"，带有非常广泛的意义。② 这些词的语源、意思、语感虽然相异，但重要的是，其前提都是人与人的"联系"。在上述共同体论、地域社会论、社会秩序论所描绘的历史世界的背景中，都存在有这种人与人的"联系"。

这里所说的"联系"并非单纯的亲和、友好的纽带或关联，也包含有不睦和对立关系，是一种范围广阔的人际关系。如果"联系"一词容易让人产生亲和性印象的话，虽然也可以改称为"社交"，在这里暂时采用"联系"这一词。

我们将目光转移至战国秦汉时期人们的"联系"上，会发现在先行研究中，对"联系"的具体时代特性进行的议论并不多见。川胜、谷川的"共同体"意味着基于自我克制伦理的人们的"联系"。但是，正如岸本所述，这并不一定就是中国中世所特有的伦理体系。③ 即使在现代日本，当面临构建良好伙伴关系时，也有不少人会将他人置于

① Raymond Williams. 1983. Keywords: A Vocabulary of Culture and Society. London: Harper Collins Publishers Ltd.

② 井上忠司《"世间体"の构造社会心理史への试み》，讲谈社，2007 年。

③ 岸本美绪《モラル・エコノミー论と中国社会研究》，《清代中国の物价と经济変动》，研文出版，1997 年。

优先自己的地位。因此，今后也必须对战国秦汉时期特有的"联系"的具体内容进行探究。

行为与社会系统的关系

在解决这一问题的基础上，需要注意的是，"联系"不仅是"人们在社会的一隅选择的行为"的累积。[①] 笔者虽然在问题意识上基本接受岸本的说法，但唯一在这一点上与其略有不同。

如前文所述，原本人与人之间的"联系"，不仅是亲和的、友好的纽带及合作，也包含仇视及对立关系。其中不仅有文字、电话、互联网等狭义的沟通，也有各种语言、心灵、物品交流及单方面赠予等社交。基于这些社交，人与人之间直接或间接的"联系"，就如同巴西一只蝴蝶震动翅膀，在德克萨斯州引起龙卷风那样的蝴蝶效应，广泛地覆盖到我们的日常。

在此过程中，人际关系持续不断的更新，形成了历史上的"社会"，其是由"某种信息因某种意图而传达"，及被对方所"理解"的过程构成。此时，发出人试图"传达的信息"有时并未正确、准确地传达至接收人处，当发出人试图修正时，有可能因此而引发新的误解。因此，对于"联系"的意思加以解释并不一定要在该场合下瞬间立刻作出。现实中的"联系"是，无论双方有无建立正确的理解，其

---

① 富永健一《行为と社会システムの理论》，东京大学出版会，1995 年。以下论述受到了 Niklas Luhmann. 1984. Soziale Systeme: Grundriß einer allgemeinen Theorie. Frankfurt: Suhrkamp 的影响。然而，鲁曼的理论本身令人难以理解，关于其解释存在各种争论之处，在此暂不论我的个人见解与鲁曼的理论是否严密一致。自马场靖雄《ルーマンの社会理论》（劲草书房，2001 年）以来，关于鲁曼理论的日语文献还有长冈克行《ルーマン/社会の理论の革命》，劲草书房，2006 年；佐藤俊树《意味とシステムルーマンをめぐる理论社会学の研究》，劲草书房，2008 年等。

构成于相互间主观关系之中，相互间持续带有分歧及动摇，通过接收人对情报的解释和处理产生连锁。

因此，无论观察多少有关个人之间"联系"的事例，也难以客观地认定"联系"的内容和意义。因为单独的"联系"（部分）与其前后的"联系"（文脉）不可分，即使将其从社会整体切割开来进行分析，也不能把得到的总和看作社会整体。在这个意义上，不能将"人们在社会的一隅选择的行为"从社会的文脉切割进行思考。不如说，相较对单独行为的多重探讨，从一开始就对人们的"联系"所带意味不进行细分化，而加以理解的系统论努力十分必要。

历史学的可能性①："联系"及其规律（或密码）

那么，究竟该如何以系统论去探讨战国秦汉时期所特有的"联系"的意义内容呢？本文在最后提示三个作为"历史学的可能性"的思考方法，请诸贤给予批判指正。

第一，不将各"联系"及各"行为"的事例进行具体单独分割的话，则有可能得到不细分化"联系"全体特性和意义，加以把握的方法，是将视线置于"联系"整体上看，单独的人只是"联系"的节点。这并不是轻视人们的存在，也不意味着人的主体性对"社会"没有影响，而是意味着不将人仅仅看作是"社会"的齿轮。这有些类似于，以往的社会学者、历史学者重视"河流"是由"水"构成这一点，这与将"水"的集合看作"河流"的看法不同，重视"河流"具有的"流动"，将"水"看作是"流动"的前提条件，主张重视"流动"这一块（图2）。

此时，重要的是，存在着将"流动"组织化的规律。比如，对于不相识的人，很难发生交换或进行交易，现在的日本以货币为媒介的"联系"持续地成立着。其背后则是围绕着货币的规律。这个规律并

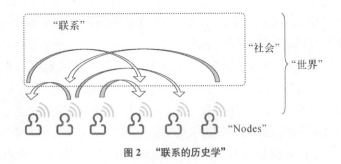

图 2　"联系的历史学"

非是由一个人所持续创造出来的产物。而且即使一部分人从该圈中脱离出，该圈也不会立即自行消失。伴随着支撑着"联系"的默契，形成生成新的"联系"的契机。作为类似的例子，有宗族、国籍、乡里（现住地、出生地）、货币、性别、爵位、华夷之别等规律。

因此，不对历史上的"联系"加以细分而进行理解、叙述，就有必要关注支撑其的规律。但在这里需要注意的是，这种规律不一定是可视的、固定的、实体的对象。这一规律是"联系"生出新的"联系"的过程，并不断得到修正。虽然规律体现了"流动"的稳定状态，但其中也有动摇。在把握这一现象的基础上，对一切复杂系系统的视角就变得十分必要。①

另外，如前所述，在各时期、各地区"联系"的规律并非只有一个种类。各时期、各地区的历史，被多样化的规律及基于此的数种"联系"所点缀，并通过组合两者而反映投射出来一定的时代性与地域性。例如，在战国秦汉时期，基于爵位制度的人际关系、家族亲族式人际关系；基于市场原理的贸易层面的人际关系、任侠心肠形成的人际关系等，基于数个规律的"联系"并存且相互交叉。对这样各时期、各地区特有的"联系"进行大致把握，是开展中国古代史研究

---

①　盐泽由典《市场の秩序学》，筑摩书房，1998 年。

"联系的历史学"的首要课题。在这方面，目前除笔者外，[1] 近年来还有滨川荣、楯身智志的研究。[2]

历史学的可能性②：生存在"联系"中的个人

第二，如果各时期、各地区的历史，受到多样化的规律及基于此的数种"联系"点缀的话，处于其内部的具体个人究竟是如何生存的，这又是一个问题。第一个课题虽然与对战国秦汉社会整体的理解相关，但很难从中感受到个人气息。不把"社会"看做是单纯的"个体的集合"，而是"联系"和"人们在社会的一隅选择的行为"之间的断绝，从这一立场（前文的系统论立场）来看，第一个课题和第二个课题在伦理上相隔绝，必须对两者分别加以探讨。从这个意义上说，第二个课题是第一个课题的补充。

将视线转移到历史上的单独个人的话，则会发现他们基于各种规律，生活于各种"联系"的网眼中的情景。这时值得注意的是，与其说他们各自分属于某一单一"共同体"（图3），不如说同时归属于数种"联系"（如宗族、乡里社会、性别、出生地、籍贯地、身份、华夷秩序等）（图4）。这与将焦距放在特定"联系"单体上，试图解明结合原理、生成过程、内部矛盾的先行研究不同，其焦点是归属于数种"联系"中的个人的形态。

关于这种不同的社会秩序之间的关系，虽然已有对汉代爵制秩序

---

① 柿沼阳平《中国古代货币经济史研究》，汲古书院，2011年。柿沼阳平《中国古代の货币お金をめぐる人びとと暮らし》，吉川弘文馆，2015年。柿沼阳平《中国古代货币经济の持续と转换》，汲古书院，2018年。

② 滨川荣《秦·汉时代の庶民の识字》，《史滴》第35号，2013年。楯身智志《汉代二十等爵制の研究》，早稻田大学出版部，2014年。

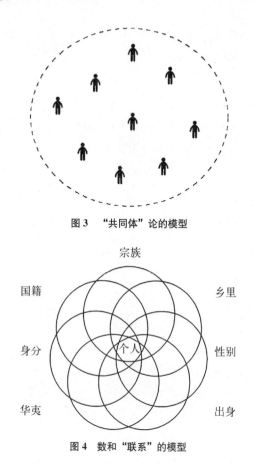

图3 "共同体"论的模型

图4 数和"联系"的模型

与年功序列（齿位）关系、[①] 爵制秩序与家族秩序关系，[②] 魏晋南北朝时期血缘秩序和地缘秩序的两项对立关系的先驱研究，[③] 但笔者关

---

①　西嶋定生《中国古代帝国の形成と构造》，东京大学出版会，1961年。

②　尾形勇《中国古代の《家》と国家》，岩波书店，1979年。

③　中村圭尔《贵族制社会における血缘关系と地缘关系》，《六朝政治社会史研究》，汲古书院，2013年。

注到的是形成了社会秩序的"联系"所具有的复数性，并试图思考生活在其中的个人的形态。这不是对以往的模式（图3）进行否定，而是思维转换带来的视角转变。

从这个视角来看，个人隶属于多种"联系"之中，并根据时间和空间决定其先后次序，然后从其中的某一个里找到适宜的归属意识。这种思考方式与诺贝尔经济学奖获奖者阿玛蒂亚·森的主体意识论几乎吻合。[1] 与现代的"中国人"或"穆斯林"中存在多重价值观的人相同，中国古代的乡里社会中也混杂着带有不同归属意识的多样化的人群存在。此时，把握住"联系"的复数性与其种类、组合，关注在数种"联系"中努力生存的一个个人的生存方式，是感受和获取他们真实气息的关键吧。从这里也可以看出"联系的历史学"的第二个课题。

历史学的可能性③："联系"和国家的关系

第三，在各种规律与基于这些规律的数种"联系"之上，究竟国家是如何建立的。如前所述，在中国为什么会产生以皇帝为顶点的专制国家体制，以及该体制为何得以反复并持续下来，是战后日本历史学界最大的争论焦点之一。然而，随着研究者的视角转移到共同体和地域社会，这一争论焦点也随之受到了些许冷落。专制国家如同被看作是地域社会的外在已知条件，[2] 这是世界史里面中国史的特征。除此之外，要将存在的数种"联系"纳入视野（历史学的可能性①），并必须对生活在其中的单独个人（历史学的可能性②），包括豪族、

---

① Amartya Sen. 2006. Identity and Violence: The Illusion of Destiny. New York: W. W. Norton.

② 山本进《明清时代の地方统治》，《明清时代の地方统治》，创文社，2002年。

贵族、士大夫，乃至至高无上皇帝权力的出现及消灭的因果关系，及其对各种"联系"带来的影响加以说明。

以数种"联系"的共存、竞争为前提，对这一问题进行思考的话，可以设想即使某一人物在特定"联系"的规律（比如任侠）中占据较优越位置，仅凭这一点他也很难取代皇帝的位置。因为，仅仅依靠支配单一"联系"的规律，尚无法与支配其他多种"联系"规律的既得利益者进行竞争。反过来说，为了维持皇帝权力，皇帝不可或缺的需要对数种"联系"的规律进行支配。总的来说，权力斗争不仅限于各"联系"内部的霸权之争，也存在着围绕数种"联系"规律的争夺战。从这个观点结合每一个具体事例，对专制国家、皇帝权力的兴衰进行探讨，是第三个课题。

结　　语

本文关注中国古代社会人们的"联系"，并整理介绍了该题目的先行研究，在此基础上提出了自己的一些看法。

战后日本的中国史研究以停滞史观批判为轴心，其主流是对皇帝与豪族、小农，豪族与小农、奴隶、农奴等之间的支配与被支配关系的唯物史观分析。然而，以京都学派为中心，逐渐开展着对中国古代社会人们之间"联系"的研究，经过清水盛光、增渊龙夫、宇都宫清吉等人，于20世纪60年代产生了川胜义雄、谷川道雄的"共同体"论。虽然对其有赞同与批判两种截然不同的态度。但在对之后森正夫、岸本美绪的"地域社会"论产生影响的"共同体"论的背景中，也能够看出意欲解明当时民间社会"联系"的意图。

本文仔细斟酌了这一学术史的发展经过，首先将解明战国秦汉社会的"联系"的具体内容作为探讨课题。例如，以中国古代货币为媒介的人际关系具体是怎样的，其与基于家族、任侠、爵位等其他的人际关系有何关联，又与现代货币经济有何不同。第二，与关注乡里、县等实体共同体的研究，以及聚焦于特定的"共同体""地域社会"，或某个单一的"联系"，并试图解明其结合原理、生成过程和内部矛盾这样的研究不同，本文认为，在中国古代并存着以爵位、家族、货币、任侠等多重规律的"联系"，同时归属于这些"联系"的人的具体形态是值得关注的问题。根据这一观点，个人同时归属于数种共同体，随着时间和空间对其进行取舍选择，并从其中找出归属意识。这表明以人种、宗教、文明、地域等其中任一项作为基准来判断人们的生活和价值观是多么危险。第三，将在数种"联系"中国家是如何建立的作为探讨课题。据此提出，权力斗争并不仅仅是各"联系"内部的霸权争夺，也意味着围绕数种"联系"的争夺战，同时支配数种"联系"会带来皇帝权力以及国家的安定。①

（本文作者为日本早稻田大学文学学术院教授
本文译者为中国社会科学院助理研究员）

---

① 本文是对拙撰日文论文的译文：《中国古代の人びととその「つながり」》，《つながりの歴史学》，北树出版，2015 年，第 2—29 页。

失焦：历史分期论争与中文世界的士族研究

仇鹿鸣

对于大部分研究者而言，当其开始进入专业领域学习时，所从事的研究方向往往是以断代来划分的。尽管表面上来看，以断代史为单元的教学与研究，与古人所谈的王朝史并无太大的区别。但事实上，较之于古人多以循环的观念来看待王朝的盛衰，现代学术体制下的断代史研究尽管仍以王朝作为基本的时间单元，但每个断代史领域都在长期学术史积累的过程中生发出了一系列"基本问题"，标识出每个王朝或时代的独特性。借助现代学术生产机制，通过"学术史""脚注"这些规范性的研究工具，这些基本问题成为更年轻一代学人进入某一断代时首先接触到的"路标"，甚至被内化为研究展开的前提。

毫无疑问，这些基本问题之所以能被提出，进而得到学界的普遍承认，并长期以来围绕其生发出种种论争，往往是与之前的学者及经典研究如何定义某一时代的特质有密切的关系，而对某一时代特殊性的辩诘与抽象，则又与如何在更长的时间轴中为某一王朝在中国历史中寻找合适定位的努力息息相关。这种定位的焦虑无疑是 20 世纪初以来现代史学研究自西方引入之后的产物，在这个过程中产生了两个"比较的幽灵"，即通过与西方的比较，建立中国历史发展与分岔的坐标系，进而在此基础上，通过中国历史前后期的比较，发现某些关键性要素的产生与变化，确立时代分期。围绕关键要素产生与变化展开的研究往往构成了断代史研究中的基本问题。这一时代分期的坐标系无疑是建立在线性进步史观的基础之上，因此，尽管同样以朝代为研究单元，现代学术意义上的断代史与古人口中的王朝史，迥然有别，这也构成了古今学术的重要分野。

士族问题无疑也是在历史分期论视野下被凸显出来的"关键性要素"，尽管近二十年来，中古史领域中的研究议题、方法及学术热点多有移易，呈现出多元化的趋势，但从一般通史、断代史讲授与编写而言，凡言及中古，尤其是魏晋南北朝，士族仍是首要被述及的话题。① 值得反思的是尽管大家默许这一前提的存在，事实上，中文学界内部对为何将士族视为中古史的根本性问题似乎没有提供系统而有力的申说，或者说是陷入了遵循既往前辈学者设定议题的路径依赖。如果我们将士族定义为累世为官的官僚家族，拥有乡里势力、保持某种稳定的通婚网络、家族有文化传承，那么我们在其他朝代中也不难找到类似的案例。至少在汉代、宋代的研究者中不乏类似的讨论，② 有些研究者甚至直接使用了士族一词。③ 另一方面，对于官僚家族的研究，在各个断代史中都不乏学者关注，但没有任何一个断代如中古史一样，将士族作为核心议题来关注。因此，士族之所以成为中古史

---

① 这种研究议题的细化及去中心化的现象，无疑是学术进步的重要标志，但造成的一个弊端是理论框架与具体研究间的脱榫，即在日常教学中通行的对时代特征的种种解说，大体仍是在1980年代以前围绕历史分期论争架构而成的，只是去掉了一些意识形态明显的表述，年轻一代研究者或出于对既往论争的厌倦，围绕新史料、新议题展开的研究大都具体而精湛，在有意无意间回避了对时代分期这类巨大而陈旧设问的回应，同时也放弃了将积累的实证研究提升至时代特质加以把握的努力。当然类似的变化同样发生在日本学界，作为在战后论争时代成长起来的学者，谷川道雄在《魏晋南北朝隋唐史学的基本问题》（中华书局，2010年，第22—23页）一书的前言中对日本年轻一代学人对历史分期问题的淡漠表达了失望。

② 汉代、宋代官僚家族研究数量甚多，在此无法一一枚举。唯在理论预设上，对汉代大族的研究多聚焦豪强的兴起及对地方的控制，有将其视为士族社会"前身"的意味，对宋代官宦家族的研究则侧重于观察科举对官僚家族延续及社会流动的影响。

③ 陶晋生《北宋士族：家庭・婚姻・生活》，史语所专刊102，2001年。

研究中的基本问题，并不仅仅在于士族这一形态本身，而是学者希望透过对士族的研究把握中古时代的基本特质，这与确立历史分期的需求密切相关。在日本学界，对中国中世贵族制社会的讨论毫无疑问与历史分期论争紧密相连，但反观中文世界的士族研究，与历史分期论争的关系则并不明晰，只能说是学术史不断层累、断裂、引介及再发现后的聚合。笔者将从士族这一基本问题形成的学术史切入，探究"失焦"现象的由来。

一、"失焦"的形成：中文世界士族研究溯源

事实上，面对数量庞大、旨趣不一的中文世界的士族研究，自无可能在一篇文章中加以回顾，而且之前的学者也或多或少做过类似的学术工作，① 但如果一定要给这一数目巨大、水准参差，同时又显得面目模糊的学术传统做一批判性概括，"理论缺位的士族研究"或许可以成为对中文世界士族研究的一个反思性的定位。即士族作为中古史研究中的基本命题，其成立的前提是以历史分期论为依托的，但在中文世界的研究中，两者的关系是离散的，士族研究往往被简化为一类具体、专门的研究，脱离了思考历史分期或时代特质的自觉。当然这种离散并不完全是研究者的责任，也与中文世界研究本身学术史的演变甚至 1949 年后两岸分治的现实息息相关，以下循此脉络，对学术史做一简要的述评。

---

① 对研究脉络的梳理可参读仇鹿鸣《魏晋之际的政治权力与家族网络》绪论，上海古籍出版社，2012 年，第 11—20 页；较为全面的综述见容建新《80 年代以来魏晋南北朝大族个案研究综述》，《中国史研究动态》1996 年第 4 期，第 6—13 页；陈爽《近 20 年中国大陆地区六朝士族研究概观》，《中国史学》第 11 卷，2001 年，第 15—26 页。

作为中国现代史学研究的开端，民国时代学者的论著由于其开拓性及较少受政治情势的影响，在1980年代以后，成为在学术史上被重新发现乃至推崇备至的对象，越过共和国前三十年的研究，"追祖"民国，某种意义上也成为当代学术史的标准写法，士族研究亦不例外。当时士族研究的专题论著大约可以举出杨筠如《九品中正与六朝门阀》、王伊同《五朝门第》、杨联陞《东汉的豪族》等，[①] 这些研究因反复重印，直到现在仍经常被学者称引。但如果仔细检讨这些论著的贡献所在，恐怕更多的集中在对史料的梳理、对士族这一群体盛衰的描述等层面。应该说前辈学者在史料运用、论述周详等方面已达到了相当的高度。相对而言，其视野仍停留在士族这一现象本身，并没有上升到历史分期的高度，同时所使用的"士族""豪族"等名词、"清流""浊流"之分野，大多直接借用自典籍，并未能提炼成现代学术意义上有效的分析概念。

另一方面，如果从民国学术史的整体来加以观察，不难发现士族研究偏居聚光灯外的一隅，并不能算是预流的学问。民国学术之"新"，在于新史料的发现与新方法的引入。[②] 1920—1930年代中国学界受马克思主义影响，所展开的社会史论战的核心议题就是对中国古代社会性质及其分期的讨论，[③] 体现的便是后者。尽管这一论战中的具体研究，以今天的学术眼光来看，不无粗糙，有用史料填充理论的

---

① 此处仅涉及士族研究的专题论著，陈寅恪的研究中亦有大量论及士族者，影响颇巨，所论多与社会升降及政治集团有关，故于下文详论。

② 如许冠三对民国史学有"史料学派"与"史观学派"的分类，《新史学九十年》，岳麓书社，2003年，第227—461页。

③ 关于社会史论战与马克思主义史学的传入，参读德里克《革命与历史：中国马克思主义历史学的起源，1919—1937》，江苏人民出版社，2005年。另参杜正胜《中国社会史研究的探索》，《古代社会与国家》，允晨文化出版社，1992年，第972—982页。

嫌疑，① 但在当时激发了巨大的反响，更新了时人认知中国历史的框架。总体而言，这一论战在时段上偏向于上古，以奴隶制为中心，② 涉及中古的部分则围绕着土地制度、庄园生产、人身依附等议题展开，士族研究与这一论战及当时的学术潮流是分离的，另一方面也显示出中文世界的历史分期论争自开始就是以社会经济史为取向的。

1949 年之后，随着学术风气丕变，更多地强调对农民战争、社会经济形态等问题的探讨，关于士族等王朝统治阶层的研究因与时势违碍而转入沉寂，即使少量关于"地主阶级"的论述，其政治性亦往往大于学术性。同时，这一时期也是大陆学者对历史分期这一宏大命题关心最多、论著产生最多的时期。③ 历史分期问题的讨论虽有承续早年社会史论战的一面，但在当时的政治氛围中，教条化的色彩日益严重，在此背景下，论争的焦点必然要被集中在"经济基础"的讨论上。如果与几乎同时展开的日本学界关于时代分期问题论争加以比较，则不难发现，在日本学者对中国中世的定义中，土地制度与生产方式、身份制、贵族制构成了三个焦点，同时代中国学者的研究则集中于土地制度与生产方式、人身依附关系的产生与强化。如果说在前

---

① 论战过程中学者自身便有反思，如陶希圣对"公式主义"的批评，主张首先要多收集资料等。

② 在这一论战中产生的最有影响与分量的著作无疑是郭沫若《中国古代社会研究》，值得注意的是随着理论的退潮，学术风向的移易，对这一著作的评价也发生着变化。1947 年顾颉刚评价该书"是一部极有价值的伟著，书中虽不免有一些宣传的意味，但富有精深独到的见解"，《当代中国史学》，辽宁教育出版社，1998 年，第 91 页。而较晚如许冠三在《新史学九十年》中对此节的评价则相当苛酷，讥郭氏的古史分期学说"一错再错""屡改屡错"，第 376—412 页。

③ 对于这一时代的研究风气与概貌，可参读王学典编《20 世纪中国史学编年 (1950～2000)》上册，商务印书馆，2014 年。

两个方面，中日学者的关怀有相当大的重合，① 那么在中文世界的研究中，受当时政治、学术风向的影响，关于士族的讨论缺席其间。

更值得注意的是，尽管当时郭沫若等主张的"战国封建说"被定于一尊，但这一时期大陆最重要的四位魏晋史大家唐长孺、王仲荦、周一良、何兹全，除了周一良对历史分期问题似无特别的立场之外，另三位都是"魏晋封建说"的主张者。尽管"魏晋封建说"最初由何兹全等在社会史论战中提出，② 但建国之后经过论争的洗礼，影响渐趋扩大，成为几种主流观点之一。③ 而建国后支持此说者，除何兹全外，在学术渊源上与陶希圣及食货学派并无关联。另一方面，在论争过程中，当时持此说影响较大的尚钺等并不能算是魏晋南北朝史的专家，所论亦不无"以论代史"的色彩，④ 但唐长孺、王仲荦等学者确属在魏晋南北朝各领域中都积累大量实证性研究的基础上持论，并且在理论退潮的1980年代之后依旧坚持此说。如唐长孺在1990年代初完成的《魏晋南北朝隋唐史三论》，虽然在具体章节上多参酌早年论著而成，但其重要的意义在于以"魏晋封建说"为线索贯穿全书，形成了体系性的论说，反映出作者长期以来对魏晋南北朝在中国历史演

---

① 相对而言，日本学者关于身份制的讨论更侧重法制史的取径，中国学者对人身依附关系的讨论，从小农破产、客的卑微化与普遍化等方面入手，本质上仍是从经济基础出发。

② 黄静《食货学派及其对魏晋封建说的阐发》，《学术研究》2005年第2期，第108—113页。

③ 何刚《郭沫若与魏晋封建论者围绕汉代社会性质问题的论争》，《史学理论与史学史学刊》2015年卷，第193—204页。

④ 尚钺最重要的著作是《中国历史纲要》，又翻译过《奴隶社会历史译文集》《封建社会历史译文集》，颇具理论造诣，但也与当时大多数论争的参与者一样，是在通史与理论这两方面的关照下主张某一分期说，而非从实证研究出发形成理论论述，某种意义上而言，尽管同持"魏晋封建说"，他与唐长孺、王仲荦等断代史研究者仍有相当不同。

进脉络中的思考与定位。① 这种立足于断代史内部具体研究的积累，提炼形成的对时代特质的把握，特别是三位学者的长期坚持与殊途同归，其论说的根基与成形值得我们再三思考。

"魏晋封建说"在某种程度上与日本京都学派对"中国中世"的认知有一定的接近，但总体而言，这三位先生对"魏晋封建说"的论述仍然是以土地制度、人身依附等为基点的。其中如唐长孺对士族的形成有非常精彩的研究，但门阀的形成与中央权力削弱在他整个学说体系中并不构成关键性的环节。②

二、新典范的形成：政治史取向的士族研究

大陆学界目前熟悉的士族研究的主流模式，若下一个大胆的断语可以说是在 1980 年代之后方才渐次形成的，与此前的学术传统联系并不紧密。现有研究模式的形成大约通过三个方面的因素合力造就：前辈学者的典范性研究、海外汉学研究的译介及以墓志为主体新史料的驱动。

在学术典范形成的过程中，田余庆《东晋门阀政治》一书起到了

---

① 参读唐长孺《魏晋南北朝隋唐史三论》，武汉大学出版社，1993 年，尤其是绪论《汉代社会结构》及综论部分《魏晋时期作为封建社会早期的特征》。

② 唐长孺在 1957 年、1959 年分别发表了《南朝士族的衰落》《门阀的形成及其衰落》两文，1983 年出版的《魏晋南北朝史论拾遗》收录《东汉末期的大姓名士》《士族的形成和升降》《士人荫族特权和士族队伍的扩大》《论北魏孝文帝定姓族》等文，《拾遗》所收各文是 1958—1982 年间陆续写成的，可知唐先生即使在特殊的时代，对于士族问题仍有持续的思考。但比照《魏晋南北朝隋唐史三论》的相关章节，在其整个学说体系中，这方面的论述大约仍偏居一隅。另值得注意的是唐长孺在 1957 年出版《三至六世纪江南大土地所有制的发展》一书中的第四章《东晋南朝的豪门地主》，本质上讨论的是士族问题，但是从土地兼并、奴婢占有等经济方面切入，虽有时代烙印，或也反映了作者本人长期的研究取向。若将此书与研究时段相近的《东晋门阀政治》相比较，颇具意味。

重要的作用，其思考问题及写作的方式直到现在仍对学界有深刻影响。需要指出的是，田余庆《东晋门阀政治》一书虽然以琅琊王氏等五个士族的个案为研究主体，但真正贯穿全书的线索是皇权政治从"变态"向"常态"的复归，强调东晋一朝士族与皇帝共天下的门阀政治不过是皇权政治的变态，属于暂时性与过渡性的现象，在此基础上凸显了东晋与南朝的本质区别，[①] 并对门阀政治的概念赋予了严格的界定与断限。[②] 由于《东晋门阀政治》一书强调东晋一朝及门阀政治的特殊性，因此田余庆对日本学者的贵族制论持审慎存疑的态度，[③] 其论著本身也很少言及历史分期的问题。

《东晋门阀政治》所示范的研究方法另一个重要的潜在影响，大约推动了之后大陆学界士族研究渐次形成了以政治史为取向的传统，与日本、欧美学界皆有所不同。[④] 所谓政治史的取向是将士族地位的升降与王朝的权力构造、政治上的党派分野以及具体政治形势、人事关系相联系，其优长之处在于通过具体"事件史"的表微发覆，

---

① 既往较有影响力的研究如王伊同《五朝门第》，基本上是将东晋与南朝作为一个连续的整体来看待。

② 正因如此《东晋门阀政治》初版时曾将士族政治与门阀政治相混用，至第二版时删去了"士族政治"这一较易产生歧义的提法，见《东晋门阀政治》改版题记，北京大学出版社，2005年。

③ 由于田余庆将东晋门阀政治定义为皇权政治的"变态"，其对日本学者笼统地将中古时期视为贵族时代，持保留意见。近年阎步克在此基础上，以制度史观的视角，做了进一步的阐发，提出了二千年一贯制的假说，形成对历史需要分期这样主流预设的挑战。参读阎步克《波峰与波谷》，北京大学出版社，2009年，第8—16页。另参阎步克《一般与个别：论中外历史的会通》，《文史哲》2015年第1期，第7—9页。

④ 日本学者对中世贵族社会的研究无疑与历史分期论争密切相关，参读中村圭尔《六朝贵族制论》，《日本学者研究中国史论著选译》第2卷，中华书局，1993年，第359—391页；林晓光《比较视域下的回顾与批判——日本六朝贵族制研究平议》，《文史哲》2017年第5期，第20—42页。而欧美学者的研究，则与1960—1970年代整个西方史学对社会结构与流动的关心有关，其取向则是社会史的。

发掘王朝政治转折的"关键时刻"，但对士族存在的经济或社会基础，则关注不多，① 自然也谈不上借助士族研究从整体上把握时代特征。

在 1990 年代之后公认较为成功的研究，大体上皆循此脉络，大约在两个方面较之既往有明显推进。一方面以陈爽《世家大族与北朝政治》及罗新对五燕士族的研究为代表，所关注的是十六国北朝时期北方士族的升降及与王朝政治的关系，与既往学者讨论较多东晋南朝这样"典型"的士族社会不同，十六国北朝在胡族政权统治下，呈现出皇权主导下士族社会的"变貌"。但以上研究本质上仍是讨论皇权，特别关注北族进入中原之后，政治体发育及汉化过程中对士族体制的接受与冲突。另一方面则可举出韩树峰《南北朝时期淮汉迤北的边境豪族》、中日共同研究论文集《地域社会在六朝政治文化上所起的作用》等，关注的是处于南北之间地方豪族势力的消长及政治动向，以及在此基础上演生出来的地域集团与王朝政治的讨论，② 虽然研究聚焦于以士族为主导的地域性政治社会集群，但所关注的多是某一地域集团在王朝政治中的升降及与具体政治事件的关系，其主体仍是政治史取向，而非社会史。正因如此，我们现在读到的大量士族研究论著往往混杂着党派分野、"政治集团"、"地域集团"这类名词。

除了《东晋门阀政治》的示范效应，1980 年代以后学界对于陈

---

① 尽管有不少论著特别是关于士族的个案研究，会论及士族的乡里势力及婚姻网络，但这些讨论仍谈不上是社会史取向，论乡里多涉及地方势力形成发育及在王朝权力构造中的位置，论婚姻选择则往往与政治集团的分类相联系。

② 除《地域社会在六朝政治文化上所起的作用》外，这一方面较有代表性的研究是章义和《地域集团与南朝政治》等。

寅恪学术遗产的重新接受，① 同样也促成了士族研究的政治史取径。陈寅恪论著中涉及士族内容甚多，大约集中于两个方面，一是社会阶层升降造成的政治分野，如《唐代政治史述论稿》中对山东旧族的分析，而这一研究进路在后学手中往往与政治集团学说相连接，社会阶层、地域出身成为划分政治集团的主要依据。其次，则通过对士族中代表性人物的研究，讨论其与政治斗争、文化传播的关联，如《崔浩与寇谦之》中对崔浩、寇谦之及太武帝三者关系的分析，《隋唐制度渊源略论稿》中对李冲、王肃作用的表微，这一取径也易于与具体政治人物、事件的研究相结合。

其次则是翻译及介绍日本、欧美汉学的相关研究。1980 年代之初，随着国门重启，日本、欧美汉学著作引介所形成的冲击，对国内学术研究视野的拓展、议题的变化都有重要的影响。在士族研究方面，周一良 1982 年访美归来后发表的书评《〈博陵崔氏个案研究〉评介》，直接推动此后士族个案研究风潮的兴起。另一方面，随着大量墓志资料的整理与刊布，其中相当部分涉及中古时期重要的官宦家族，提供了大量关于士族谱系、婚姻、仕宦等方面的新知，也使得以碑志为基础的士族个案研究不但变得可能，而且蔚成大观。可以说，新史料的刊布与个案研究方法的引入是驱动士族研究在 1990 年代之后活跃的主要动力。但从某种意义上而言，同质性的史料与方法，不

① 自 1980 年代初以来上海古籍出版社陆续出版了蒋天枢整理的《陈寅恪文集》，使陈寅恪重新回到学者视野中，但在早期对陈寅恪的评价仍是有所保留的，例如万绳楠 1986 年为《陈寅恪魏晋南北朝讲演录》写的前言中强调陈寅恪已运用了阶级分析的观点与方法，通过将他定位为"不仅是我国资产阶级史学的开创者和奠基人，而且是从资产阶级史学过渡到马克思主义史学的桥梁"，来提高其地位，黄山书社，1987 年。至 1990 年，举办了多次颇具影响的陈寅恪百年诞辰纪念学术研讨会，1996 年出版的陆键东《陈寅恪的最后二十年》成功地将一个学术人物公众化，陈寅恪本人在被大众媒体神话的同时，他的学术遗产再次成为中文世界中古史研究毋庸置疑的基石与起点。

免造成了"千族一面"弊端，同时也是导致研究议题"内卷化"的重要因素。①

　　若从整个中古史的学术脉络来观察，更关键的变化在于，大约直至此时，士族才在不知不觉中成为中文世界中古史研究中的基本命题，根据笔者上文的溯源考察，在此之前，士族研究是否有这样的地位存在相当的疑问。1990 年代之后，随着宏大叙事的退潮，研究的议题日渐精细化与分散化，强调对新史料的发掘与运用，士族个案研究的兴起可以说既顺应了这一变化，同时又再次割裂了士族与历史分期论的关系，或许在中文学界，两者从未被紧密地联系在一起过。②同时，随着对海外汉学尤其是日本汉学研究了解的深入，贵族制论也渐为中国学者所熟悉，尽管大陆学界很少正面回应日本学者关于贵族制与魏晋南北朝社会构造的假说，以及 1950 至 1970 年代日本学界在时代分期论战中的种种分歧，但随着自身旧有理论的褪色，在很大程度上不自觉地接受了日本学者设定的议题，这或许是士族在潜移默化间成为中古史研究基本命题的重要原因，同样这种接受也剥离了原本的理论预设与论争。

三、分途：西方理论的冲击与港台
地区士族研究的新变

　　1949 年后港台地区的相关研究，由于政治的分途，呈现出了不

---

　　①　关于这方面的反思，可参读仇鹿鸣《士族研究中的问题与主义——以〈早期中华帝国的贵族家庭——博陵崔氏个案研究〉为中心》，《中华文史论丛》2013 年第 4 期，第 287—317 页。

　　②　同时期的另一变化是传统上与历史分期论争关系密切的研究议题在 1980 年代之后都日渐衰微，但士族研究则转趋活跃，这也从侧面印证笔者的判断：中文世界的士族研究与历史分期论争无关。

同的面貌。早期大约可以分梳出两种类型，一类是以钱穆、何启民为代表，侧重于从士族的文化、家学、门风等方面加以探讨，往往强调士族门风优美、保存学术的一面，对于历史分期问题自然无所措意。值得一提的是，出身新亚、师从钱穆的余英时，早年撰写过《东汉政权之建立与士族大姓之关系》《汉晋之际士之新自觉与新思潮》等文，但其所关怀的是"士"作为一个特殊的社会阶层在中国历史中的影响，在此基础上分梳出代表君权的"政统"与代表士大夫的"道统"互相颉颃的政治文化脉络，所研究的对象是"士"而非"族"。以余英时对魏晋之际士大夫研究为例，着重表彰"人的觉醒"，但对于士族兴起之后，垄断选举，"英俊沉下僚"的另一面则未提出明确看法，其研究中对士大夫阶层的观察不无"理念型"的色彩，在某种程度上承续了钱穆的中国文化观。所论结集而成的《士与中国文化》在 1980 年代出版之后，恰与如何在现代化转型中定位知识阶层作用的时代关切相契，影响巨大，同时也激发了学界对士的形成、与政治特别是皇权的关系、阶层身份的塑造与文化认同等各方面的长期追索，[①] 构成了与传统政治史领域中官僚家族研究不同的学术脉络。

　　1949 年之后的台湾学术在初期仍延续在大陆时的传统，强调史料工作的重要性。至 1960 年代，许倬云等留美归来，将社会科学方法引入台湾，创办《思与言》杂志，介绍西方流行的社会科学理论，形成了思想与方法上的刺激。其中以许倬云对春秋战国社会流动的研

---

　　① 在这一脉络中最有影响的著作大约是阎步克对于士大夫阶层形成的研究，出版之后激起了超越断代史领域的学术影响，《士大夫政治演生史稿》，北京大学出版社，1996 年。

究影响较大，① 推动了史学研究的转向。② 受这一社会史研究风潮的影响，毛汉光在中古史领域中做了一系列重要的工作，③ 尝试借助量化统计的方法，以更为精确而科学的手段把握中古社会的性质，并在此基础上对唐代士大夫的两京化、大士族的进士第等问题加以发覆。其所持研究方法的利弊，之前学者已有详细评述，④ 除此之外，或仍有两个特点值得表出。毛汉光研究的主体是中古社会精英阶层的升降，由于采取了统计的方法，其所呈现的是作为一种社会结构存在的抽象意义上的士族，而非某个具象家族的兴衰，具体人物在他的研究更是隐而不彰。若将他的研究与同时期许倬云、邢义田自春秋至两汉的社会流动的论著相连接，⑤ 则可注意到这一系列研究所关注的都是精英阶层的变迁，但学者对"精英"概念的设定及阶层划分，更多的

① 尽管许倬云的博士论文《中国古代社会史论——春秋战国时期的社会流动》晚至 2006 年才被翻译成中文，但核心观点《春秋战国间的社会变动》1963 年便刊载于《历史语言研究所集刊》34 本下，在当时台湾学界引起了强烈反响。需要指出的是春秋战国是一个社会阶层发生剧烈变动的时代，并非新知，《左传》昭公三年"栾、郤、胥、原、狐、续、庆、伯，降在皂隶"的著名记载，为学者熟知。许倬云及下文讨论的毛汉光的研究，与其说是发现了前人所没有发现的重大变化，毋宁说是将这种变化用更加科学、可验证的方法来加以证明，提升史学研究的"科学化"程度。

② 这一时期的学术转变可参读王晴佳《台湾史学史：从战后到当代》，上海古籍出版社，2017 年，第 39—83 页。

③ 毛汉光作为台湾自己培养的第一代史家，其研究方法上深受许倬云的影响，如他在《中国中古政治史论》绪论部分，复制了许倬云著名的将中国文化分为政治、社会、经济、意念四个范畴相生相应的体系图，作为自己研究的起点，上海书店出版社，2002 年，第 23—25 页。

④ 韩昇《中古社会史研究的数理统计与士族问题——评毛汉光先生的〈中国中古社会史论〉》，《复旦学报》2003 年第 5 期，第 91—98 页。

⑤ 除前引《春秋战国间的社会变动》，另两篇相论文是许倬云《西汉政权与社会势力的交互作用》，收入《求古编》，新星出版社，2006 年，第 336—358 页。邢义田《东汉孝廉的身份背景》，收入《天下一家》，中华书局，2011 年，第 285—354 页。

是受到社会科学理论的影响，讨论的毋宁是一种西方学术话语中的"权力精英"，[①] 不完全等同于中国典籍中的"士族"。或因此毛汉光选用了"三世五品官"这一更为"科学"的标准来界定士族，而忽略了其文化特征。其次，毛汉光确实用统计数据呈现了中古时期具有士族社会的特征，并通过每三十年士族出身者占官僚阶层的比例，勾勒出更为细腻的变化曲线，较之于既往研究所描述的平面化社会结构，有了显著推进。毛汉光基本的研究取向无疑是社会史的，但其本人对士族社会的本质及其意义，并没有太多的诠释。

至 1980 年代末，随着台湾社会氛围的变化，加之受西方史学中文化史转向的影响，[②] 新史学的浪潮开始兴起，杜正胜在《什么是新社会史》一文中批评传统的社会史研究只有骨架，而无血肉，[③] 其未明言的针砭对象之一大约便是以许倬云、毛汉光为代表的在统计的基础上，讨论宏观社会结构变迁的社会史研究。发现"人"在场的历史，成为新史学标举的重要目标，在这一学术转向的过程中，历史上沉默弱势的边缘人群转而成为史家打捞关注的重心，传统以精英人物为研究对象的政治制度史日渐衰微，当然更谈不上对历史分期的关心。[④] 由于中古史史料的局限，新史学研究的成绩主要集中在信仰、

---

① 这点在毛汉光《中国中古社会史论》开篇"统治阶层与社会领袖"一节中述及的相关理论及学术史中体现得相当明显，上海书店出版社，2002 年，第 1—9 页。

② 王晴佳《台湾史学史》及许倬云为该书写的序中都提及，台湾史学研究的几次转向动力并非完全出自本身学术传统的演变，而是受台湾本身社会文化氛围变化及欧美学术潮流的双重影响所致。

③ 杜正胜《什么是新社会史》，《新史学》3 卷 4 期，第 96—98 页。

④ 饶有趣味的是，作为新史学浪潮的主要推动者，一直颇具有理论关怀的杜正胜虽对马克思主义的社会形态分期常有讥评，但在 1981 年为《吾土与吾民》撰写导言时强调"扬弃了马氏的阶段论，中国社会史的分期仍然要讲，否则祖先数千年缔构历史文化的业绩非成为断烂朝报的烂账不可"，联经出版社，1991 年，第 2—3 页。王晴佳在《台湾史学史》中以此引出话题，批评杜正胜《编户齐民》一书，依然是对转型的描述，而未能在理论上有所建树，第 78—81 页。

医疗、性别三个领域。但值得进一步思考的是，例如伴随 1960 − 1970 年代美国平权运动形成的性别史研究范式，其本意是要解构以男权为中心的历史书写体系，为作为历史上沉默者的女性代言，但性别史之所以能在中古史领域中异军突起，很大程度上仰赖新出墓志的大量发现，实质上与士族个案研究建立在同样的史料基础上。众所周知，有墓志留存特别是内容较为丰富墓志的女性，大多出自士人精英家庭，因而我们透过墓志所了解更多的仍是作为官宦家族戚属的女性，绝非一般的平民女子。从某种意义上而言，性别史研究补充的恰好是传世文献中记载不多，士族"在家"的一面。[①] 如学者对妻族在士人政治生涯及家庭生活中重要性的探讨，精英家庭中母亲的影响尤其是在家庭教育中作用的揭示，[②] 皆有助于我们重新认识士族门第婚姻的现实功用。或许这些学者本人并不愿意被归入士族这一略显陈旧的学术脉络中，但不得不承认性别、宗教等新的研究议题的拓展，大大丰富了我们对于中古士族精英的家庭结构、夫妻关系、子女教育、宗教信仰、交游唱和等日常生活世界的了解。

四、聚焦唐代：直面历史分期论的幽灵

通过以上学术史的梳理，20 世纪以来中文世界的士族研究，一

---

① 事实上这种困境降至明清，在以女性文集为基础的才女文化研究中亦不能摆脱。而学界内部对性别史研究是否真正"改写历史"也有所反思，游鉴明《是补充历史抑或改写历史？近廿五年来台湾地区的近代中国与台湾妇女史研究》，《近代中国妇女史研究》第 13 期，第 65—97 页。另参王晴佳在《台湾史学史》，第 234—238 页。

② 参读陈弱水《隋唐五代的妇女与本家》，《隐蔽的光景——唐代的妇女文化与家庭生活》，广西师范大学出版社，2009 年，第 3—162 页。廖宜方《唐代的母子关系》，稻乡出版社，2009 年。

方面受各种学术潮流的影响，一方面也与时势的变迁相消长，在经过了种种演化与分途之后，目前作为中古史基本问题的士族研究是1980年代以来学术史扬弃与重构的产物。随着学术风气的移易，对宏大命题的追问至少已暂时谢幕，无论是在广义的史学理论探讨还是狭义的中国古代史研究中重提历史分期问题，无疑都显得落寞而又格格不入。但需指出的是，尽管我们搁置了历史分期这样的大叙事，但无法否认，这一幽灵仍在徘徊，任何断代史基本问题的设定皆与之有关。所谓中古史的"中古"从来不是一个单纯的时间限断，只是当下的研究者更满足于细节的追索，对在比较与贯通的基础上形成体系性的论说抱有警惕并多有回避，但在回避的同时，或可反躬自问是不是放任了一个陈旧的、理想化的甚至带有想象成分的描摹时代特征的假说继续隐居幕后，发挥作用。更需要反省的是，如果研究者对论题背后的理论预设缺少反思的自觉，仅仅满足于连缀士族的谱系、家世，描述一个士族或房支由盛到衰这样平面化的探讨，那么这个议题不过是现代学术工业中的一个孤岛，无法与跨断代或邻接领域的相关研究形成有效对话，很难有真正的推进，自然也谈不上对时代特质的诘问与回应。由此而论，1980年代以来，由个案研究引导的士族论题只不过是方法上的变迁，而无理论上的突破。因此，在大量具体研究累积的基础上，重归长时段的思考，似乎仍有其意义所在。

在比较的视野下，重新思考唐代士族及社会构造的演变或可成为重启理论思考的突破口。在既往的研究预设中，唐代是作为魏晋南北朝贵族制社会的一个漫长衰退期而存在的，同时又在唐宋变革论的关照下，成为宋代平民社会的前身与参照。可以说魏晋南北朝、宋代的官僚家族研究都有着明确的理论指向，贵族制论是把握中世社会特质的重要一环，而宋代家族研究集中于探讨科举对社会流动的影响，背后的关怀无疑与对"近世"的认知有关。唐代则成为两盏理论聚光灯外的过渡时期，既往研究主要集中在《贞观氏族志》与山东旧族、唐宋间的门第消融等，而这些议题都产生在前后两个断代理论的延长线上。

总体而言，学者似乎对从魏晋南北朝到唐代历史转变的意义缺乏足够的重视。以士族问题而论，唐代上层社会的结构承自孝文帝分定姓族后的北朝，山东旧族、关中郡姓人物辈出，而源出南朝的旧门，除兰陵萧氏因与杨隋皇室通婚维持门第不坠外，无论王、谢这样的侨姓高门还是朱、张、顾、陆等吴姓士族，皆人物寥落，即使有个别活跃于政治舞台上者，也大都世系可疑。与东晋南朝这样"典型"的士族社会不同，北朝的门阀体制本质上由皇权主导，官僚化的色彩更浓。如果将东晋南朝视为学者眼中"理想型"的士族社会，那么唐代社会与之是存在断裂的。①

另一方面，值得注意的是在日本学者的研究中，更强调九品官人法是贵族制社会成立的决定性因素，认为这一社会的存续具有某种制度性设计的保证，通过"人品"与"官品"的对应关系，完成整个官僚体系的贵族化并形成了贵族再生产的机制。② 中国学者尽管也重视士族借助九品中正制垄断选举的问题，似乎更多地将士族视为基于文化认同而形成的社会身份，③ 即使认可魏晋南北朝是某种程度上的身

---

① 仇鹿鸣《制作郡望：中古南阳张氏的形成》一文中对此已有初步讨论，《历史研究》2016 年第 3 期，第 36—39 页。

② 宫崎市定著，韩昇、刘建英译《九品官人法研究》，中华书局，2008 年；另参中村圭尔《六朝贵族制论》，《日本学者研究中国史论著选译》第 2 卷，第 378—384 页。

③ 经典的定义如陈寅恪所言："所谓士族者，其初并不专用其先代之高官厚禄为其唯一之表征，而实以学家及礼法等标异于其他诸姓"，《唐代政治史述论稿》，上海古籍出版社，1997 年，第 69 页。

份制社会，也很少会谈论存在着"士族制"。这种微妙的差异，其实关涉了对时代特质的认识。那么更需要追问的是随着隋代废除中正，士族在唐代社会中的位置较之前代是否存在本质性的变化，是否仍可以以贵族社会目之。

如果以制度变迁的视角来加以观察，确实能清理出一条从魏晋至唐宋间的线索，陈爽最近的研究指出魏晋南北朝的谱学是一种实用的学问，"始撰百家，以助铨序"，与选举关系密切。《十八州士族谱》录副收藏于尚书左户曹，不仅是图书典籍，也是政府行政运作中需要参考的档案，"以谱注籍"，甄别士庶。而到了唐代，谱学及谱牒便失去了这样的功用，① 这恰可与九品官人法的兴废相对照。自陈寅恪在论述牛李党争时抉出门荫与科举之间的对立后，学者便已意识到门荫在唐代对官僚家族延续具有重要作用，但需要指出的是门荫所依据的是"当朝冠冕"，其本质上是官僚性的，而在魏晋南北朝，爵位承担着类似的功能，因此士族内部的嫡庶之争往往与爵位承袭有关，无疑更具有贵族性。如果将眼光投向宋代，研究宋代官僚家族的学者则展现了另外的面貌，维系累世为官的根本系于家族中连续几代高中进士，② 门荫虽然是官僚特权的一部分，但宋代科举及第者方被称为有出身，门荫被视为杂出身或无出身，在仕途上受到种种限制，③ 甚至有学者认为家族中上一代仕宦成功，使得下一代选择以门荫出仕而

① 陈爽《出土墓志所见中古谱牒研究》，学林出版社，2015 年，第 32—35、50—53 页。

② 科举成功对于官僚家族维系具有决定性作用，基本上是宋代家族研究者的共识，较早的个案研究可参读戴仁柱《丞相世家：南宋四明史氏家族研究》，中华书局，2014 年。

③ 王曾瑜《从门第到有无出身》，《燕京学报》新 22 期，北京大学出版社，2007 年，第 73—97 页。

非参加科举，反而导致了家族的衰落。① 这种制度长期演化的线索，显示了日渐官僚化的趋向，而夹杂在两者之间的唐代社会的性质究竟如何，值得进一步通过实证研究来加以定位。

五、余论：如何将士族变成一个学术概念

现代学术意义上的士族研究已走过了近百年的历程，尽管士族早已是一个被广泛使用的学术词汇，但各个研究者笔下的定义往往并不相同，缺乏"约定俗成"的共性，对其范围的界定也较为随意，自崔、卢、李、郑、王五姓七家以下，直至一般的地方豪强，皆可被不同的学者根据自己的研究需要定义为士族或非士族，甚至可以说至今仍不过是将史籍中旧有名词借用至现代学术论著中，并没有将其锻造成一个具有明确边界与内涵的学术概念，大大影响了学术对话的深入。值得注意的是由于西方学者需要将这一概念移译到英文语境中，更早意识到士族这一名称指向的模糊性与不确定性，不同的译法之间

---

① 较早宋史学者对门荫制度的研究中，虽然已指出门荫入仕后所受到的种种限制，但仍将其视为保障官僚特权的一种制度设计，参读游彪《宋代荫补制度研究》，中国社会科学出版社，2001年。但研究宋代官僚家族的学者则在具体个案研究中观察到了制度运作的实态，如黄宽重对江西浮梁程氏的研究中指出程节以科举入仕，兴盛家族，至第三代则全以荫补任官，导致衰败，收入《宋代的家族与社会》，国家图书馆出版社，2009年，第211—230页；魏峰《宋代迁徙官僚家族研究》一书中也提出了类似的观点，上海古籍出版社，2009年，第50—62页。当然也有学者对此有不同的看法，如戴仁柱对四明史氏的研究中提到，四明史氏至第六代时进士越来越少，但仍通过门荫维持，似乎暗示门荫虽无法使家族兴起，但至少延缓了衰落的速度，《丞相世家：南宋四明史氏家族研究》，第167—171页。柳立言则认为科举普遍化后，进士就变成了基本资格，要上升至高层官员，仍依赖人际网络的作用，流动的效果主要体现在低层官僚，呼应了陶晋生提出的"新门阀"之说，《何谓"唐宋变革"》，《宋代的家庭和法律》，上海古籍出版社，2008年，第34页。

反映的是不同学者对士族定义的分歧。[①] 中文世界的学者反而缺少了这种"陌生感",习惯于在行文中交替使用士族、门阀、大族、名门等近义词汇,同时对概念表述与运用的精确性也缺乏足够的自觉,[②]而对"工具概念"的提炼恰恰是现代学术的重要特征。[③] 一个成功的案例是田余庆在《东晋门阀政治》中的做法,"门阀"同样是史籍中常见名词,但田余庆通过对门阀政治精确而严格的定义,使之成为一个具有分析性的"工具概念",并与士族政治做了的区分。或许学者可以不同意他对于东晋门阀政治特殊性的判断,但这一学术概念的成功提炼,为之后的研究奠定了一个可供讨论的基础。如何通过进一步的研究确认士族这一名词的内涵与外延,把握其与其他朝代官僚家族的本质区别,是将其从名词变为有效学术概念的关键所在。

在既往的研究中,关注的是士族作为官僚存在的"仕"与作为士大夫文化认同的"士"这两翼,聚焦于士族的仕宦、门第、婚姻、家学,但对于如何来定义一个士族成员的范围,则缺乏足够的讨论。可以进一步思考的是是否存在一个宗族意义上的士族,借助大量的墓志资料我们不难注意到士族基本的家庭结构是同祖共居,符合杜正胜"唐型家庭"的设想,[④] 但同样我们也注意到在士族的生活世界中,

---

① 西方学者在撰写英文书评时便已注意到译名分歧的意义, Robert M. Somers "The Society of Early Imperial China: Three Recent Studies", *The Journal of Asian Studies*, Vol. 38, No. 1 (Nov. 1978), pp. 127-142. 另参范兆飞《北美士族研究传统的演变——以姜士彬和伊沛霞研究的异同为线索》,《文史哲》2017 年第 3 期, 第 19—40 页。

② 事实上, 日本学者在使用"贵族"与"豪族"这两个常用概念时, 同样也缺少明确界定的自觉。

③ 张广达在评述王国维的学术成就时, 特别指出善于运用概念化的理性思维是他能够做出突破性贡献的关键,《王国维在清末民初中国学术转型中的贡献》,《史家、史学与现代学术》, 广西师范大学出版社, 2008 年, 第 48—52 页。

④ 杜正胜《传统家族结构的典型》,《古代社会与国家》, 第 800—815 页。

不乏从兄弟、再从兄弟甚至服属关系更远亲属的存在，有些关系还相当密切，这种从家庭至房支再到士族的网络如何组织。另一方面，在《元和姓纂》《新唐书·宰相世系表》等文献中被大量载录的士族房支是否真实可靠，其是如何迁徙分化的，不同房支间的关系乃至"衰支"与"盛支"升降的要素，都有待进一步的研究予以揭示。之前的学者往往将士族预设为一个稳定的客体，所关心的是士族与政治、文化等外部世界的关系，事实上，在士族成员分享共同郡望的同时，学者对其内部的构造、分化与连接反而所知无多。另外，由于长期以来存在着大量伪冒郡望与攀附世系的现象，即使公认的士族门第，在谱系上存在断裂与疑问者亦比比皆是，甚至可以进一步追问士族的身份是基于血缘还是认同。士族的"族"与宋明之后宗法制度下"族"的差异，某种意义上也映射出中古社会的特质。

同样在跨断代的比较中，我们可以注意到某些被断代史研究者视为独特的现象，在其他朝代中亦不罕见。例如，中古士族的研究者往往会勾勒出两种典型的家族，一种是带有武断乡曲性质的豪强家族，另一种则是会主动周济穷困的乡党领袖。事实上，豪横与长者一直是古代士大夫在乡里的两种典型面貌，绝非中古社会所独有。① 另一个有意思的例子是，汉晋、唐代、宋代的家族史研究者都注意了母族、妻族在士人生活中的重要性超过某些父系亲属，尤其是大功以下的亲属，依于舅家实际上是一个长期存在的现象，但不同断代的学者基于各自的学术立场，提供的解释却有相当的不同。研究汉晋家族的学者

---

① 梁庚尧《豪横与长者：南宋官户与士人居乡的两种形象》，《新史学》4卷4期，第45—95页。其实杨联陞早年的名作《东汉的豪族》中区分清流豪族与浊流豪族，便已揭示了类似的分野。柳立言也曾谈到刘增贵论及汉代家族的情况与宋代类似，《何谓"唐宋变革"》，《宋代的家庭和法律》，第27—28页。

认为这是父系意识尚未完全发育成熟的结果,[1] 唐代士族的研究者则指出与士族门第婚有关,[2] 西方汉学家似乎误以为是宋代的特殊情况。[3] 因此,在比较的过程中确定何者系中古士族的独特性,何者又是官僚家族政治社会行为的普遍共性,形成界定士族概念及范畴,进而把握中古社会特质的参照系,当然或许这种比较研究的结果是最终否认了士族社会的特殊性。

现代学术训练的规范性在某种程度上使得我们对于哪个问题重要、哪个问题不重要的认知并不是完全来自史料,而是来自经典研究设置的"路标",但是"路标"带来的遮蔽与陷阱同样需要引起反省,在这一背景下,批判性地反思近百年来中文世界士族研究脉络的形成与分岔,借助学术史的清理来寻找研究再出发的起点,或许才是学术史研究的本义。

(本文作者为复旦大学历史学系教授)

---

① 侯旭东《汉魏六朝父系意识的成长与"宗族"》,《北朝村民的生活世界》,商务印书馆,2005 年,第 60—107 页;阎爱民《汉晋家族研究》,上海人民出版社,2005 年,第 75—154 页。事实上,目前士族研究和宗族、家庭史研究基本上处于两条平行线上,这或许是对类似现象形成不同解释的重要原因。

② 陈弱水《隋唐五代的妇女与本家》,《隐蔽的光景——唐代的妇女文化与家庭生活》,第 3—162 页。

③ 柏文莉《权力关系:宋代中国的家族、地位与国家》,江苏人民出版社,2015 年,第 210—215 页。事实上,本书所论及宋代官僚家族的一系列社会行为,如早期的婚姻网络集中本地,发迹后出现了跨地域的通婚,宦途成功后移居于开封附近等,都非宋代所独有,而是跨断代的现象。

日本古代的天皇与贵族

武井纪子 著　王博 译

序

在古代日本的特色中最特异的一个身份便是天皇。在论述日本的国家特征时，对天皇的定位是一个始终无法回避的问题。此外，应如何看待同处于社会支配阶级的贵族与天皇之间的关系，也是古代日本国家体制的一个重要课题。

古代日本以中国为蓝本推动了国家的形成，并在 7 世纪中叶努力吸收了律令。但日本并非一味的对同时期的唐进行制度上的模仿，或为构筑与唐相同的国家体制，而单纯地引入唐制，其中也不乏学习统治方面的技术以为我所用。律令所适用的社会结构，对日本而言显然也与唐不同，在中国经过很长时间酝酿后形成的律令，在日本是如何引入以使之更加适用于当地，搞清楚具体情况无疑十分重要。虽然日本的天皇与贵族之间的关系在中国有皇帝与贵族作为对应，但考虑到日唐间存在的社会结构差异以及日本引入唐令的状况，显然两者间关系无法通过单纯的比较来解明。

带着对这一问题的兴趣，本文从该领域的研究现状出发，站在日中比较研究的视角思考日本天皇与贵族关系的历史性特质。

一、古代日本国家制度领域的研究动向

1. 君主专制与贵族制之争

本章先对先行研究加以整理，并指出相关问题。[①]

战后关于天皇与贵族的关系，主要有古代日本国家制度的特征是天皇的专制君主制，抑或含有较强的贵族制要素这两种不同见解。前者主要立足于将大化元年（645）的大化改新之后的一系列改革视作恢复天皇权力动向的传统国史学立场，或受马克思主义影响而主张古代日本的国家制度是一种东亚专制国家的立场进行论述的。

在二十世纪五十年代后半期，对皇亲国戚势力的政治地位及中务、宫内省等所谓内廷官司和五卫府进行的探讨，推动了为解明律令官制下天皇权力基础的研究。[②]

---

① 关于天皇与贵族的关系，如下先行研究中进行了整理归纳：吉川真司《律令官僚制研究の视角》（《律令官僚制の研究》，塙书房，1998 年）、《律令太政官制と合议制》（《律令官僚制の研究》，首次发表为 1988 年）；仓本一宏《律令贵族论をめぐって》（《日本古代国家成立期の政权构造》，吉川弘文馆，1997 年，首次发表为 1987 年）；吉濑奈津子《天皇と贵族》（《日本古代王权と仪式》，吉川弘文馆，1998 年，首次发表为 1991 年）；仁藤敦史《律令国家论の现状と课题》（《古代王权と官僚制》，临川书店，2000 年，首次发表为 1991 年）；大町健《律令国家は专制国家か》（吉村武彦ほか编《争点日本の历史 3・古代编Ⅱ》新人物往来社，1991 年）；坂上康俊《日唐律令官僚制の比较研究》（大津透编《律令制研究入门》，名著刊行会，2011 年）；大隅清阳《律令官僚制と天皇》（岩波讲座《日本历史》第 3 卷《古代 3》，岩波书店，2014 年）等。

② 高桥富雄《皇亲官僚制成立の意义》（《历史学研究》228，1959 年）、《律令天皇制の构造とその成立》（《历史学研究》233，1959 年，后收于论集《日本史 2・律令国家》，有精堂，1973 年）。此外，直木孝次郎在《律令官制における皇亲势力の一考察》（《奈良时代史の诸问题》，塙书房，1968 年，首次发表为 1960 年）、《古代天皇の私的兵力について》（《飞鸟奈良时代の研究》，塙书房，1975 年，首次发表为 1962 年）中，虽然认可律令官制中的贵族制元素，但也指出天皇制的权力基础也被包含其中。

几乎与此同时发表的关晃氏的考察立足于后者的立场，认为天皇的权力并不是绝对的，与中国相比，日本的古代国家具有更强的贵族制因素。① 关氏所谓的贵族是指养老名例律六议条注的"议贵。谓三位以上"以及养老名例律五位以上妾条注的"五位以上，是为通贵②"，是指有五位以上位阶的所谓"律令贵族"，他将拥有多次出现五位以上官人政治资格的氏族群体看作贵族阶层，认为这种五位以上的官员阶层继承了大化之前的大夫、群卿阶层的血液，他们的存在使得五世纪以来的共和制在律令制下得到了残存，并制约了意图实施专制君主制的天皇权力，从而将古代国家定位为"采取了君主制形态的贵族制支配"。

关氏的这一贵族制论，对于未经过具体论证就提出"大化以来的国家制度是以天皇权力不断壮大为前提的"这一马克思主义专制国家论敲响了警钟。关氏重视贵族制因素的立场，进一步由对唐的三省分立与日本太政官制加以比较的视角，发展到强调太政官作为贵族合议体制的性质上。③ 在此基础上，由日本古代国家究竟是否属于亚洲专制国家着手发起探讨的石母田正氏指出，公式令论奏式中规定的九个项目的大事，是在唐的奏抄式事项上加以发日敕的事项后形成的。而且其还看到在发布诏或宣命的过程中太政官所具有的特有功能，认为"很明显，采取了分立的三省这一形态的日本国家制度，对于君主权

---

① 关晃《大化改新と天皇权力》（《关晃著作集》第二卷《大化改新の研究下》，吉川弘文馆，1996年，首次发表为1959年），《大化前后の天皇权力について》（《关晃著作集》，首次发表为1959年），《律令贵族论》（《关晃著作集》第四卷《日本古代の国家と社会》，吉川弘文馆，1997年，首次发表为1976年）。

② 《令义解》户令七出条引用了这些名例律注，并载："谓，依律，称贵者，皆据三位以上。其五位以上，即为通贵。"

③ 石尾芳久《日本古代天皇制の研究》，法律文化社，1968年，首次发表为1962年。

而言，大幅度强化了官人贵族阶层所具有的相对独立性"，指出与中国相比较，日本的国家制度是带有贵族制性质的。① 事实上，石母田氏虽然指出了古代日本国家制度中具有的贵族制要素，但与此同时，他也列举了官制大权、官吏任命权、军事大权、对臣下的刑罚权以及关于外交、王位继承的权力这五个天皇的大权，认为日本的基本国家制度仍是专制君主制，这一点需要留意。佐藤宗谆氏也通过与唐代三省制度的比较论述了日本太政官制的建立及其机构运作。他在内藤乾吉氏主张的"门下省这一审核机构的存在，使得国家统治的意志不专由天子一人所决定""这意味着唐的政治并非君主独裁政治，而是在天子与贵族的一致协议后进行的贵族政治，门下省就相当于代表贵族意志的机构"这一观点的基础上，② 反而得出日本的太政官制相对而言其贵族制的性质较弱（＝天皇权力更强）的结论。③

另一方面，早川庄八氏对关氏、石母田氏二人的观点进行了继承和发展，他以太政官合议制度的存在为前提，积极地认为日本较唐相比奏论内容增加到了九项，这是太政官（＝贵族势力）提议权的扩大，同时也是天皇对太政官的一种妥协。也就是说在日本，贵族阶层的地位相对更高。④ 早川氏的研究被认为是从实质性方面对古代国家

---

① 石母田正《日本の古代国家》第三章《国家机构と古代官僚制の成立》，岩波书店，1971 年。

② 内藤乾吉《唐の三省》，《中国法制史考证》，有斐阁，1963 年，首次发表为 1930 年。

③ 佐藤宗谆《律令太政官制と天皇》（《大系 日本国家史 1·古代》，东京大学出版会，1975 年）、《贵族政治の展开》（《讲座日本历史 2·古代 2》，东京大学出版会，1984 年）。

④ 早川庄八《律令太政官制の成立》（《日本古代官僚制の研究》，岩波书店，1986 年，首次发表为 1972 年）、《律令制と天皇》（《日本古代官僚制の研究》，首次发表为 1976 年）。

的贵族制性质进行论证的研究，① 进一步强化了基于贵族合议体制的畿内政权支配全国的所谓畿内政权论。

然而，早川氏指出天皇不能对论奏予以否定，并认为对唐的发日敕进行继承的论奏事项正体现出贵族势力所具有的较强的发言权，这些都遭到了种种批判。② 而且，关于早川氏作为探讨前提的合议制的情况，特别是对其有关阿部武彦氏提出的 8 世纪初太政官的议政官原则上都出于畿内豪族的某一氏族说法的指摘，③ 都出现了不同见解。④ 此外，吉川真司氏从日唐比较的视角出发，开始对太政官的合议制与论奏进行了重新探讨。⑤ 他指出，七品以上京官在都堂进行的尚书省之议和宰相所进行的政事堂之议这两种属于唐朝的议，在日本仅被太政官的合议制所沿袭。他还重视日本议政官组织中对唐朝宰相制的继承因素，认为太政官之议并非作为贵族阶层的据点而与君主制相对立，仍属君主制的一部分，其否定了太政官的政务及论奏中的贵族制因素而对君主制进行了贯彻。也就是说，吉川氏虽然认可太政官的合议制，但与早川氏的见解完全相反。

吉川氏提出的这种对于合议制的理解，是在中国自汉至唐都存在

---

① 关晃《律令贵族论》。

② 饭田瑞穗《太政官奏について》（《饭田瑞穗著作集 5·日本古代史丛说》，吉川弘文馆，2001 年，首次发表为 1980 年）；森田悌《太政官制と摄政、关白》（《平安时代政治史研究》，吉川弘文馆，1978 年，首次发表为 1977 年）；坂上康俊《发日勅、奏抄事项と论奏事项》（《史渊》138，2001 年）；吉川真司《律令太政官制と合议制》；川尻秋生《日本古代における合议制の特质》（《历史学研究》763，2002 年）。

③ 阿部武彦《古代族长继承の问题について》，《日本古代の氏族と祭祀》，吉川弘文馆，1984 年，首次发表为 1954 年。

④ 长山泰孝《律令国家と土权》（《古代国家と王权》，吉川弘文馆，1992 年，首次发表为 1985 年）；仓本一宏《律令贵族论をめぐって》等。

⑤ 吉川真司《律令太政官制と合议制》。

"议"的前提上进行的对日唐之间加以比较的尝试。① 虽然在他的结论中，将对唐制的理解与古代日本合议制进行比较这一点需要作部分修正，② 但其与立足于日本合议制研究之上开展的试图捕捉中国皇帝与贵族关系的动向相关联，③ 对于围绕唐三省与太政官制进行的日唐比较研究而言，促成了从中国史、日本史两方面进行重新探讨的一次契机。而且对日唐间政务的实际状态进行比较的这样一种手法，与了解 9 世纪以后日本公卿的"议"，④ 甚至平安中期向阵定的发展都有关联，被认为是很重要的尝试。

如上所述，在解明日本古代天皇与贵族的研究史上开展了十分复杂的系列探讨。虽然大家的论证依据都同样是太政官的合议制及论奏这样的制度及历史现象，但就天皇与贵族间的关系，却因论者的不同而产生出完全相反的结论。为什么会发生这样的情况呢？

2. 中国的"贵族"与日本的"贵族"

事实上，"贵族"这一词语无论是在中国还是日本都并非由来已久的历史用语。⑤ 马克·布洛赫认为作为贵族（nobless）的两个条件，一是法律承认其社会特权，二是该合法身份是世袭的，这被称作

---

① 关于中国的"议"，见渡边信一郎《天空の玉座》，柏书房，1996 年。

② 川尻秋生《日本古代における"议"》（《史學雜誌》第 110 编 3 号，2001 年）、《日本古代における合议制の特质》。

③ 川合安《六朝隋唐の"贵族政治"》（《南朝贵族制研究》，汲古书院，2015 年，首次发表为 1999 年）、《日本の六朝贵族制研究》（《南朝贵族制研究》，首次发表为 2007 年）。此外，小林聪氏就川合氏促使大家关注日本史研究的影响这一点给予了高度聪价。见小林聪《书评 川合安著〈南朝贵族制研究〉》，《唐代史研究》19，2016 年。

④ 川尻秋生《日本古代における"议"》。

⑤ 池田温《贵族とは何か—东アジアの场合—》，笠谷和比古编《国际シンポジウム 公家と武家の比较文明史》，思文阁出版，2005 年。在日本第一次出现"贵族"一词，是在 14 世纪的《太平记》第一"后醍醐天皇御治世事"中。

法律上的贵族。① 这一条件应该是在任何时代、任何地区都适用的一般属性吧。但这自然是根据欧洲封建社会所得出的结论，贵族出现的契机以及该从何处寻求贵族之所以为贵族的根源，则应该根据各地区的社会和政治状况来进行具体分析。现在，我们虽然称各地区各时代的特权阶级的人为贵族，但这一用语所意味的内容并不一定是一个带有固定化定义的概念。② 虽然在上一节整理的研究史中在制度上与中国进行比较是重点，但这一点也是不能忽视的。

在中国史研究领域，内藤湖南将六朝至隋唐的政治特征视为贵族政治。③ 中国的贵族是各地区享有声望的人，他们在政治、社会、经济、文化等一切方面都处于中心。他们通过九品官人法在中央任官，然后地位世袭并最终形成门阀。④ 在中国史研究中，该如何看待皇帝和贵族的力量关系也是一个问题，⑤ 从日本史的角度尝试理解中国贵族制的佐藤宗谆氏指出，中国贵族的生存基础在地域社会，相较之

---

① 马克·布洛赫《封建社会》，堀米庸三监译，岩波书店，1995 年。原著于 1939 年出版。

② 国际日本文化研究中心组成了"公家と武家"共同研究团队，对于前近代社会中公家（贵族）与武士的情况，试以各时期、地域的个别研究为基础进行比较研究。除池田温《贵族とは何か—东アジアの场合—》外，还有村井康彦编《公家と武家—その比较文明史的考察》（思文阁出版，1995 年）；笠谷和比古编《公家と武家Ⅱ—〈家〉の比较文明史的考察》（思文阁出版，1999 年）、《公家と武家Ⅲ—王权と仪礼の比较文明史的考察》（思文阁出版，2006 年）、《公家と武家Ⅳ—官僚制と封建制の比较文明史的考察》（思文阁出版，2008 年）。

③ 内藤湖南《概括的唐宋时代观》，《内藤湖南全集 8》，筑摩书房，1969 年，首次发表为 1922 年。

④ 宫崎市定《宫崎市定全集 6·九品官人法》，岩波书店，1992 年，首次发表为 1956 年。

⑤ 作为对研究史的整理，有中村圭尔《六朝贵族制研究に关する若干の问题》（《八朝贵族制研究》，风间书房，1987 年）；《六朝贵族制と官僚制》（《中国史学の基本问题 2·魏晋南北朝隋唐时代史の基本问题》，汲古书院，1997 年）；川合安《六朝隋唐の"贵族政治"》等。

下，日本的这种社会性较低。虽然我们在将"缺乏社会基础"的概念置换成"贵族制相对较弱"时必须慎之又慎，但我们不得不说日本与中国的贵族制内核确实存在着根本性差异。

中国的贵族阶层是从机构层面支撑皇帝统治的官僚组织的供给母体，其生存基础在乡里社会，与皇帝权力不同。因而无论其是否与皇帝权力存在对立，从极端的角度来看，即便发生王朝交替，门阀贵族的出身与地位都是不变的。这一点使得贵族有时会成为与皇帝权力相对抗的存在，[①] 建立了王朝的皇帝凭借武力在战乱中取胜，必须自己形成皇帝的权力和权威。

与此相对，日本的天皇和贵族间被认为不存在中国这样的紧张关系。这与日本的贵族制本身是因吸收了律令制而确立这一点关系颇深。对此，前辈学者已经敏锐地指出"一方面，律令制度给予他们（笔者按：参与政权的中央豪族）贵族的特权，但另一方面也对他们提出了作为国家官僚、君主臣僚的义务。因而律令时代的贵族在必然成为贵族的同时，也注定保留着作为国家官僚的性质"，[②] 以及"律令国家虽然提供了将他们予以贵族化的条件，但并不是以将他们进行贵族化为目的而存在的[③]"。正如佐藤氏主张的日本贵族的社会性基础较为薄弱，他们之所以能够成为该社会的特权阶级，并非是由于自律，而是律令法规定的位阶保障了他们的种种特权。因而日本的古代"贵族"从一开始就是官僚贵族，并且只可能是关晃氏权且定义的"具有三位、五位位阶的律令贵族"。日本的贵族制研究之所以集中在

---

① 原本，隋唐虽然依然存在以门阀贵族为母体的特权阶级，但因实施科举制而形成了新的官僚阶层，呈现出了与六朝贵族所不同的风貌。必须考虑到自六朝至隋唐的贵族阶层的变化。

② 家永三郎《贵族论》，《新日本史讲座》，中央公论社，1951 年。

③ 竹内理三《贵族政治とその背景》，《竹内理三著作集》第五卷《贵族政治の展开》，角川书店，1999 年，首次发表为 1952 年。

位于官僚组织顶点的太政官制上，很大程度也正是基于这一原因。

但是反过来看，通过律令制取得的种种特权产生了贵族的根源，因而从中出现的太政官的议政官组织也无法摆脱律令制所规定的秩序框架吧。这一疑问与日本是否存在与天皇相对抗的贵族或贵族阶层，[①] 以及假设存在的话，仅凭借太政官制来论证其与天皇间关系是否妥当这一根本问题相关。而且正如坂上康俊氏所指出的，"日本律令的编纂者是如何看待唐的三省及宰相的功能，并在此基础上构想日本自身的太政官，对此过程目前尚不明确"，[②] 通过制度层面对日唐加以比较，以解明天皇和贵族的关系如今依然是一个课题。

吉田孝氏立足于古代日本的社会状况指出了上述问题，并认为天皇与太政官的关系并非是权力上的对立，而是各自承担着自身的责任。[③] 他注意到石母田氏提倡的天皇的两个侧面，[④] 即其作为律令制国家的掌舵者的侧面以及基于王民制的统一体的最高首长这一侧面中，后者（基于人格、身份的从属关系）的伦理，[⑤] 认为"天皇是畿内豪族政权中为发挥特定作用而被公推的首长，绝非是与畿内豪族平起平坐的地位"。正如吉田氏所指出的，不能否认此前对天皇与贵族关系的分析已然变成重视太政官制这一制度层面的权力结构论，很容易陷入单纯讨论天皇与贵族谁地位更高的单纯的权力论。[⑥] 有鉴于

---

① 仓本一宏《律令贵族论をめぐって》。

② 坂上康俊《日唐律令官僚制の比较研究》。

③ 吉田孝《"律令国家"と"公地公民"》，《律令国家と古代の社会》岩波书店，1983 年。

④ 石母田正《日本の古代国家》第二章第二节《人民の地域的编成 王民制から公民制へ》。

⑤ 吉川真司氏也对早川氏在太政官制研究中将石母田氏提出的天皇作为人格领袖的性质解读作畿内政权论的做法进行了批判。见吉川真司《律令太政官制と合议制》。

⑥ 对此，长山泰孝在《律令国家と王权》中也进行过指摘。

此，围绕日本的"贵族制"开始变得更加重视对成为权力结构背景的社会形态以及实际政治过程的考察，[①] 以及解明在一系列制度中天皇与官僚贵族阶级具体是如何联系等方面了。[②]

二、律令贵族确立前史：从氏族制到律令官人制

井上光贞氏考察了在太政官制建立过程中唐制与日本固有法的关系，认为日本律令国家的特征是氏族制与律令制的二元国家。[③] 石母田氏及吉田氏重视的天皇与臣下的人格联系也基于律令制下而遗存的氏族制原理，天皇与贵族的关系很大程度都带有律令制之前政治结构所规定的因素。本章上溯至大宝律令以前，对日本贵族的形成经过进行思索。

1. 倭国王权中的大王与大夫

律令制之前的倭国是以氏族制为基础的社会。氏族制是指以氏（ウヂ）为单位的社会结构，氏是血缘亲属集团或同族的组织，是一种因具有共同祖先而依托出身意识和谱系关系结成的集团组织（也包

---

① 在将日本的国家制度视作贵族制时，对太政官合议制实际状态进行的考察等。见饭田瑞穂《太政官奏について》；森田悌《太政官制と摄政、关白》；坂上康俊《发日勅、奏抄事项と论奏事项》；吉川真司《律令太政官制と合议制》；川尻秋生《日本古代における合议制の特质》及仓本一宏《律令贵族论をめぐって》；佐藤长门《倭王权における合议制の机能と构造》（《日本古代王权の构造と展开》，吉川弘文馆，2009 年，首次发表为 1994 年）；虎尾达哉《参议制の成立》（《日本古代の参议制》，吉川弘文馆，1998 年，首次发表为 1982 年）等。

② 有通过在朝廷的政务、礼仪与天皇与官僚的具体关系进行讨论的研究，以及通过即位仪式、丧葬仪式等加以分析对天皇制进行的研究。见大津透《天皇の历史 01 神话から历史へ》，讲谈社，2010 年。

③ 井上光贞《太政官成立过程における唐制と固有法との交涉》（《井上光贞著作集》第二卷《日本古代思想史の研究》，岩波书店，1986 年，首次发表为 1965 年）、《律令国家群の形成》（《井上光贞著作集》第五卷《古代の日本と东アジア》，岩波书店，1986 年，首次发表为 1971 年）。

括伪造的)。①

5世纪后半叶，以大王为中心形成全国性统一王权的倭国王权将臣属的诸豪族及首长进行了政治性合并。臣属的氏凭借特定的职能（官职）世代向王权效力，这也叫做"仕奉"，② 效力的根源据说来自其始祖向王权效力的神话谱系。如在带有辛亥年（471）纪年的自埼玉县行田市稻荷山古坟出土的铁剑铭中，刻有"乎获居"作为"杖刀人首"，率杖刀人向"获加多支卤大王"（雄略天皇）效力的内容。其中，乎获居自身向大王效力的"奉事根源"是其"上祖"（始祖）"意冨比垝"，连续记载了自上祖截至自己的世代谱系。此时虽然没有固定的氏名和姓（カバネ），但通过继承始祖的政治性功绩（负祖名）得以就任世代流传的政治职务，从而获得向大王效力的正统性，我们从中可以看出这一伦理。

大王对效力的氏赐以官职或源于地名的氏名，以及臣、连、造、直、君等姓，③ 并承认各自按不同的官职拥有自己的部（部民）。④ 进入六世纪，随着许多氏被纳入王权之中，姓作为连接大王和氏的观念

---

① 吉田孝《"氏"の构造—氏上と天皇—》（《律令国家と古代の社会》）、《祖名について》（《续律令国家と古代の社会》岩波书店，2018年，首次发表为1984年）；熊谷公男《"祖の名"とウヂの构造》（关晃先生古稀记念会编《律令国家の构造》，吉川弘文馆，1989年）；沟口睦子《日本古代氏族系谱の成立》（学习院第一法规出版，1982年）；大津透《大王とウヂ》（《古代の天皇制》岩波书店，1999年）；中村英重《ウヂの成立》（《古代氏族と宗教祭祀》吉川弘文馆，2004年，首次发表为2002年）等。对近年来研究的整理，见北康宏《大王とウヂ》（《岩波讲座 日本历史》第2卷《古代2》，岩波书店，2014年）等。

② 吉村武彦《仕奉と氏・职位》，《日本古代の社会と国家》岩波书店，1996年，首次发表为1986年。

③ 须原祥二《"仕奉"と姓》，《古代地方制度形成过程の研究》，吉川弘文馆，2011年，首次发表为2003年。

④ 熊谷公男《"祖の名"とウヂの构造》。关于对令制以前的氏族制、部民制的理解，见镰田元一《律令公民制の研究》，墟书房，2001年。

性的血统秩序，逐渐开始发挥体现在王权内部等级差异的标识功能，这便是氏姓制度。大隅清阳氏指出，王赐予姓是基于其带有神化性质的出身意识而为确定和维护现实政治、社会、身份关系的行为，效力和赐姓是神化理念里带有相对应应酬性的事物。[①] 氏世世代代都"负祖名"是对始祖神灵的继承，[②] 在继承作为政治地位的官职的同时，也意味着继承了氏所拥有的权益。

因而，律令制以前的倭国王权是氏姓制度，也就是各氏基于神化系谱关系，肩负氏名和姓从而向大王效力，并因此形成政治集团。大王以神话的、超越性的权威为其背景，发挥着氏的集聚核心的作用。氏为了保证自身地位和权益，将自身谱系的来源视为从早先王名中分流出来的一支，又或者将其与和王权神话相关的神名相联系，从而让王与始祖处于亲近关系中，以使自身对王的效力正统化。而且，氏与氏之间也通过将出身和效力之事相同化的同族意识彼此相连等方式，使得氏对于王权的人格隶属关系呈现出复杂且多层次的样貌。[③]

应该注意到大夫（群臣）的存在。如在上一章所述，关晃氏指出，在令制以前有被称作大夫的具有一定政治地位的豪族阶层，他们参议朝政并身处天皇和臣下之间进行奏宣，而且他们成为与之后的令

---

① 大隅清阳《律令官人制と君臣关系—王权の论理·官人の论理—》，《律令官制と礼秩序の研究》，吉川弘文馆，2011 年，首次发表为 1996 年。

② 吉田孝《"氏"の构造—氏上と天皇—》。

③ 在这种状况下，氏族谱系开始制作（中村英重《古代氏族と宗教祭祀》、沟口睦子《日本古代氏族系谱の成立》）。氏族谱系带有保证大王和氏两者间政治关系的持续（义江明子《系谱样式论からみた大王と氏》《日本史研究》474，2002 年）。这些伴随倭国王权的实质性支配的扩大和确立，被整理成王统谱系，通过帝纪、旧辞以及推古朝天皇记、国记这样的王统谱，以及记载皇位继承的史书编纂过程，被赋予公的位置，与记纪神话相连。见大津透《大王とウヂ》；佐々田悠《记纪神话と王权の祭祀》（《岩波讲座 日本历史》第 2 卷《古代 2》，岩波书店，2014 年）等。

制五位以上相关联的群体。① 事实上，随着朝廷政务的复杂化，他们成为统辖伴造等中下级氏族并分掌政治职务的中央实力派氏族阶层，直到六世纪中叶，形成了由执政官之首的大臣、大连以及大夫组成的议政官组织。他们是"前君（マヘツキミ）"，即在王宫任职，本质上在大王身边效力，发挥接续大王和中小氏族群从而在两者之间进行沟通的作用。② 可以说朝参和奏宣都是与他们效力的本质相关联的职务。

关氏注意到大夫的奏宣与令制中太政官论奏的关联，并将其作为贵族制的要素之一，但同时也认为两者在性质上并没有直接关系。③可以说注意到了在大夫被赋予的权限之中，存在着体现与王位继承权相关的政治性发言权等对大王与大夫阶层进行补充的联系。如在推古天皇驾崩后的《日本书纪》舒明天皇即位前纪中记载了苏我虾夷试图独断地选定新天皇，但忧惧群臣不从，便召集群臣会议。当时群臣汇聚在苏我虾夷的私宅中进行合议，虽然这是一个略为特殊的事例，但从苏我虾夷的行动中可以看出，在皇位继承上需要有群臣的共同承认。

大王（天皇）即位仪也一样，即位仪式按照如下程序进行，即：群臣向王位候选人交付象征王位的宝器（印玺）表示对大王的拥戴，受宝器的候选人登上高御座，获得继承"天津日嗣"之业的资格。随后大王发布即位宣命，接受臣下的服从誓约（寿词、拜贺）。《续日本纪》文武元年（697）八月庚辰条所载文武天皇即位宣命中，明确表

---

① 关晃《大化前后の大夫について》（《关晃著作集》第二卷《大化改新の研究 下》，首次发表为1959年）。

② 佐藤长门《倭王权における合议制の机能と构造》。

③ 大夫的合议制是对于大王的咨询，每个臣下分别陈述意见的形式，当时认为没有必要将合议的意见统一化。与此相对，太政官的论奏则需要议政官全员的署名。也就是说，议政官全体成员的意见需要统一。川尻秋生《日本古代における"议"》。

示大王（天皇）的地位继承自其始祖之灵，大王在继承了"天津日嗣之业"后接受氏的效命。因此，新王与臣下的效命关系随着换代而更新和确认，[①] 组成政权的大夫们在新王即位之际得到重新任命。[②]

大王即位仪式被认为是天孙降临神化的再现，[③] 大王与群臣的关系也通过这一程序得以追溯至神化谱系，从而对神化里君恩与效命关系进行再确认。可以说两者在生存基础上处于一种相互依存的关系。在倭国王权中，大王和作为有实权豪族的大夫阶层带有一种共同体性质的意识，其原理结构在律令官人制度中不断变化形态，但却始终继承了下来。

近年来，许多研究在形容古代国家中的权力时往往都以"王权"一词来表述。[④] 所谓王权，狭义上是指带有与作为臣下的豪族、贵族阶层相对峙意味的天皇（大王）的君主权，在广义上则用来表示天皇与王族包括其臣下的支配阶级全体。[⑤] 严格地说，由于每个学者对王权的认知都有些许微妙的差异，因此有必要加以注意，[⑥] 关键是不只是拥有君主权的天皇，将以天皇为核心的权力中枢作为一个整体加以认识也有其特征。[⑦] 因此，大王与大夫阶层的关系便成为王权内部政

---

① 大津透《大王とウヂ》。

② 吉村武彦《仕奉と氏・职位》。

③ 冈田精司《大王就任仪礼の原形とその展开》（《古代祭祀の史的研究》塙书房，1992 年）。

④ 大津透《王权论のための觉え书き》（大津透编《王权を考える》，山川出版社，2006 年）；荒木敏夫《王权论の现在—日本古代を中心として—》（《日本古代王权の研究》，吉川弘文馆，2006 年，首次发表为 1997 年）。

⑤ 筱敏生《古代王权と律令国家》（校仓书房，2002 年）的"结论"部分。

⑥ 筱敏生《古代王权と律令国家》；敏夫《王权论の现在—日本古代を中心として—》；大平聪《古代の国家形成と王权》（大津透编《王权を考える》）。

⑦ 王权是文化人类学用语，于思考国家在尚未形成的社会时当权力发生或权威所在之际所用。霍卡特《王权》（桥本和也译，岩波新书，2012 年）；大津透《王权论のための觉え书き》。

治结构的问题。两者在实际的政局中确实有一定的紧张关系，有时大夫也对大王进行掣肘。但如前所述，如果天皇与有实权的豪族阶层确实是一体化的相互依存关系，那么也就不能将两者视为经常处于对立的关系了吧。①

　　2. 从氏族制到官人制

　　在臣或连这样的氏姓制度中的姓是体现大王和各氏族间政治距离的指标。但由于姓是对氏所给予的世袭之物，因而不能对个人进行等级化。进入 7 世纪，开始派遣隋使与中国进行直接交往，在吸收了律令制的官僚制以后，从氏姓制发展到冠位制、位阶制，推动了将王权置于顶点的政治集团的等级化。

　　推古十一年（603）制订的冠位十二阶制是将除皇亲和大臣外的中央豪族阶层在朝廷内部加以组织化的产物，② 德仁礼信义智的冠位按大小分为十二阶。③ 六个种类的冠位通过仪式中冠上装饰的材质等大致分为三个。德冠、仁冠、礼冠之间彼此相隔，六世纪以后的大夫被赠予德冠（大德、小德）。冠位是天皇授予个人的政治地位和身份，冠位十二阶被看作是为将六世纪以来的大夫和伴造一品部制定位于官僚组织之中而实施的。④ 据此，大夫阶层通过冠位这一客观指标在朝廷内被赠予了相应的地位。

　　此后，大化三年（647）又确定了七色十三阶冠，在德冠之上

――――――――――

　　① 这也可以用来形容第一章整理的律令制下的天皇和太政官的关系。见大津透《天日嗣高御座の业と五位以上官人》（《古代の天皇制》）。

　　② 黛弘道《冠位十二阶考》，《律令国家成立史の研究》，吉川弘文馆，1982年，首次发表为 1959 年。

　　③ 这一排列基于中国的阴阳五行思想，是在与隋建立外交之际，从中国的礼仪秩序中吸收的。见大隅清阳《古代冠位制度の变迁》，《律令官制と礼秩序の研究》，首次发表为 1986 年。

　　④ 大隅清阳《古代冠位制度の变迁》。

设置了大小织冠、绣冠、紫冠。至此,冠位十二阶之外的皇亲与大臣也被纳入其中,王权的全体成员都作为独立的官僚在天皇之下被赋予了等级次序。到大化五年又改订为冠十九阶,到天智三年(664)作为"甲子之宣"的一部分开始实施冠二十六阶(《日本书纪》同年二月丁亥条)。此时,冠位不仅被细分为二十六阶,在氏族制内部也进行了改编,即在氏的内部作为私法般存在的族长作为氏上得到了官方认可,根据氏的大小,其与天皇的关系得到了再确认。①

同时,豪族的私有民——部曲作为民部、家部也得到了官方的承认。部曲虽然因大化改新诏被废止(《日本书纪》大化二年正月甲子条),对其充公没能一次性成功,在甲子之宣时其得到了官方认可,并在天武四年(675)被充公(同年二月己丑条)。②翌年的天武五年,以完善食封制取代了对部民的领有(同年四月辛亥条,八月丁酉条)。据此,虽然家部作为部分氏贱得到了保留,但氏的经济基础主要变成了按官员身份给予的食封和封户,从持有私人经济基础的豪族转换成为从国家领取薪资的官员。③天智三年确定的氏的大小,在以后成为选考官员时晋升官位和授予冠位的重要判断基准。在天武十一

---

① 关于甲子之宣,见平野邦雄《大化前代政治过程の研究》(吉川弘文馆,1985年);大山诚一《古代国家と大化改新》(吉川弘文馆,1988年)等。

② 据镰田元一氏,部民原本具有王权之民以及豪族的领有民的两面性(《"部"についての基本的考察》,《律令公民制の研究》,首次发表为1984年)。甲子之宣对民部、家部进行正式承认,虽然在实质上并没有什么变化,但具有将作为私有民的部曲贴上公有的标签的意味。而且,大山诚一氏认为甲子之宣针对的对象是畿内豪族,虽然认可氏的所有权,但国家仍需通过整合地区来对这些人进行注册(《古代国家と大化改新》)。

③ 大化五年的冠十九阶以后,《日本书纪》中常常可见依据冠位支给封户和禄的记载。此外,食封的支给对象是小锦以上的大夫,天武四年部曲废除后,通过甲子之宣民部、家部得到了认可的伴造等之氏被排除在外。见仁藤敦史《七世纪后半における公民制の形成过程》(《国立历史民俗博物馆研究报告》178,2013年)。

年（682），"族姓"和"景迹"成为选考的条件（同年八月癸未条）。在天武十三年，又新确定了真人、朝臣、宿祢、忌寸、道师、臣、连、稻置的八色之姓，姓的等级化进一步得到发展。所谓八色之姓，是确定官员任官母体的氏的族姓交替的等级次序，其变得与氏上认定、考选法一体化，这一点十分重要。① 甲子之宣确定了氏上相当于八色之姓中忌寸之上的地位，此后陆续被编为冠二十六阶中锦冠以上，天武十四年冠位的直冠以上，以及大宝律令以后带有五位以上位阶的官员阶层（＝律令贵族）。从天智到天武朝的氏族政策是决定了此后得以出现五位以上贵族官员的氏之等级的关键，② 这也完成了对旧有族姓和官僚制中的人事进行的整合改编。氏保持着旧有的模样，作为官员的母胎受到改编，并因此进入国家支配之中，转化为被外界支配的族制组织。③

此后的持统三年（689）实施了飞鸟净御原令，冠位制被切换为位阶制。冠虽然被看作是天皇赐予的神圣之物，而冠位则是现实的产物，没能适应律令制这种重视具有较高抽象度的文书行政的制度。④ 因此位记取代了冠成为位阶的证明。在这一阶段，氏姓的大小依然是选考的基本要素（《日本书纪》持统天皇四年四月庚申条），⑤ 但决定按位阶担任官职的官位相应也得到调整。此后二者持续有机结合，律

① 熊谷公男《天武政权の律令官人化政策》（关晃先生还历记念会编《日本古代史研究》，吉川弘文馆，1980 年），八木充《律令官人制论》（《岩波讲座 日本通史》第 4 卷《古代 3》，岩波书店，1994 年）。

② 野村忠夫《天武·持统朝の官人法—考選法の整备过程を中心に—》（《律令官人制の研究》增订版，吉川弘文馆，1967 年）。

③ 中村英重《古代の氏族制》（《古代氏族と宗教祭祀》）。

④ 大隅清阳《古代冠位制度の变迁》。

⑤ 青木和夫《净御原令と古代官僚制》，《日本律令制论考》，岩波书店，1992 年，首次发表为 1954 年。

令官僚制度开始发挥作用。① 这样一来，在古代 7 世纪的日本，氏族制完成了向官人制的转换。日本的律令官人制是以冠位、位阶制为媒介将对王权的效力关系予以等级化形成的。虽然由在朝廷内体现政治地位的姓转换的冠位和位阶赠予给了官人个体，但其依然很大程度上具有体现与天皇间距离的具体地位这一性质。因此，与官品是体现官职等级的唐所不同，在日本更加重视拥有冠位、位阶。②即便是在吸收了律令制以后，氏族制的要素，即律令制以前的来自君臣秩序中的这部分因素，无论是在制度抑或习惯上，都保留在贵族的意识之中。

三、律令官人制中的贵族

1. 律令官人制的结构与律令贵族

701 年实施的大宝律令效仿唐，规定了官人制，保留了唐官制中三品以上为贵，五品以上为通贵的区分，从荫位开始享有多种特权。③ 但这种五位的区分并非对唐制中特权区分的简单继承。由于日本的律令官人制是在氏姓制和部民制的基础上持续形成的，因此表面上虽然相似，但其实际样貌却与中国的大相径庭。

首先是官僚组织的组成原理。中国的禄是对应天子之召而放弃生

---

① 吉川真司氏指出，律令官僚制中存在官人集团和官司机构这两个原理相异的秩序。见《律令官僚制的基本构造》，《律令官僚制的研究》，首次发表为 1989 年。

② 在唐朝，不仅是叙位，任官也使用告身，日本在任命官职时并没有告身，在叙位之际则重视位记。这也体现出日唐之间官人制的差别。见泷川政次郎《唐の告身と王朝の位记》（《支那法制史研究》有斐阁，1940 年，首次发表为 1932 年）；大庭脩《隋唐の位阶制と日本》（《唐告身と日本古代の位阶制》，皇学馆出版部，2003 年，首次发表为 1996 年）。

③ 竹内理三《律令官位制に于ける阶级性》，《竹内理三著作集》第四卷《律令制と贵族》，角川书店，2000 年，首次发表为 1951 年。

业进行的补偿"代耕"，[①] 与此不同，日本没有代耕的意识，是一种对上日（出勤日数）及考课赐予禄和位阶的交换关系。[②] 在律令的篇目顺序上，日唐也不一样，唐令中是禄令→考课令的顺序，日本则完全相反，是考课令→禄令，从中也体现出禄的赐予是考课的结果这一性质。而且在日本，禄的支给是"赐禄"，将对天皇贡纳的调堆积在大藏省的庭中，将之分配给官人，当时十分重视这一赐禄仪式。[③] 这种工资结构来自律令制之前大王和各氏族之间的人格性"君恩＝效命"的关系，[④] 可以说，在律令制中，这一关系被位阶、禄与上日的互换关系所继承。

这种与天皇的紧密关系在律令制的五位以上官人身上更为显著。他们按照日文训读被称作マヘツキミ，被看作是天皇近臣。[⑤] 他们指导并统领六位以下的实际负责事务的官人进入朝堂院执行政务。[⑥] 每月的朝座上日都向天皇上奏。关于成选、升叙，日本同唐制一样，五位以上由天皇直接进行授予，即敕授（养老选叙令 2 内外五位条），[⑦] 但相对于六位以下的升叙需要将考第和本司的升叙方针（结阶法）在

① 坂上康俊《古代の法と慣习》，《岩波讲座日本通史》第 3 卷《古代 2》，岩波书店，1994 年。

② 吉川真司《律令官僚制研究の视角》；大隅清阳《律令官僚制と天皇》、《律令官人制と君臣关系—王权の论理・官人の论理—》；山下信一郎《日本古代の国家と给与制》（吉川弘文馆，2012 年）。

③ 山下信一郎《律令俸禄制と赐禄仪》（《日本古代の国家と给与制》，首次发表为 1994 年）；大津透《贡纳と祭祀》（《古代の天皇制》，首次发表为 1995 年）。

④ 吉川真司《律令官僚制の基本构造》。

⑤ 虎尾达哉《律令官人制における二つの秩序》，《律令官人社会の研究》，塙书房，2006 年，首次发表为 1984 年。

⑥ 《续日本纪》和铜元年（708）七月乙巳条。关于本条，见八木充《律令官人制论》。

⑦ 然而，在唐制中虽然五品以上官人是由皇帝制授，但实际的人事权则由中书、门下省掌握。《唐六典》卷二《吏部尚书侍郎》载："五品已上以名闻，送中书门下，听制授焉。"

令中加以明文化而言，五位以上则无此规定，而由敕裁决定其考第。而且，六位以下的位记中施以太政官之印，五位以上的位记中则是天皇的内印，两者差异很大。在日本，五位以上的升叙是一种明显体现天皇意志的结构。可以说，这种日唐间的差异是规定在天皇与五位以上官人的特殊关系之中的。

此外，五位以上官人在节会等飨宴的场合中与天皇共饮食，有时也会获赐衣服等节禄。飨宴作为连接天皇与官人间人格的场所发挥着作用，因此，五位与六位以下之间的差异不只是在律令制上特权的有无，在与天皇的人格联系这一点上也在本质上有着天壤之别。

上述这种两者的人格关系，是对令制以前大夫性质的沿袭。参加朝堂院的朝参，也应当来自以分管的官职在大王身边近侍的这种作为大夫的"效力"。大夫依靠这种效力而获得对部民和食封的领有权的承认，这在律令制中被换成了对上日进行禄的赐予和位阶的升叙这种肉眼可见的形式。从这一点来看，可以说五位以上的官人阶层继承了旧大夫阶层的职掌，是依靠超越天皇律令制的权威而被整合起来的集团。他们享有各种制度上的特权，通过与天皇之间的人格关系成为通贵或曰律令贵族。

然而，需要注意的是并非所有五位以上的官人都与旧大夫阶层的谱系直接相连。虽然在制度上五位以上的群体被一体化，但五位与四位以上之间依然存在潜在的差异，实际上与旧大夫阶层的谱系相联系的，继承了冠位十二阶的德冠、大锦以上、直广式以上血统的令制中四位以上的群体。[1] 8 世纪以后，五位可以通过个人能力和工作成绩取得，其出身阶层也得到扩大。但只有一部分氏族才可能在五位之

---

① 虎尾达哉《参议制の成立》。

上更进一步，可以说，他们形成了门阀性质的上流贵族阶层。[1]

其中能够获取更高地位的只有更少数的氏族。整个 8 世纪，出现纳言以上议政官的除奈良时代的新氏族的橘之外，[2] 只有多治比、阿倍、大伴、石上、藤原这五氏。他们都是大夫这样的传统名门贵族，其祖上分别是在 7 世纪后半叶国家形成时期建立功勋的多治比嶋、阿倍御主人、大伴御行、石上麻吕、藤原不比等。他们共通的特点，即均为在壬申之乱中建立功勋的人物，或在天武、持统朝受到天皇重用的人物。可以说是与天皇家族一道致力于建立 7 世纪后半叶新型国家体制的氏族。他们之所以能在大宝的新官制中位居议政官之首，其中正是王权的意志在发挥作用。[3] 也就是说，律令制下门阀贵族的地位和范围是作为政治体制的一个环节而确立的，[4] 与旧大夫阶层相连的传统贵族在 7 世纪后半叶国家形成之际被持续整编，并成为律令官人制结构中得以超越五位的存在。

他们作为官人在任官之际凭借的律令机制是荫位制。这也是吸收了唐朝资荫制后的产物，大宝令的考选制度被认为是模仿唐制的制度，以个人德行才干为考选基准。[5] 但由于日本的荫位在设定上较唐更高，[6] 与本质上应该广泛招揽人才的官僚制不同，五位以上官人的

① 鹭森浩幸《王家と贵族》（《天皇と贵族の古代政治史》，塙书房，2018 年，首次发表为 2004 年）、《内外制と贵族》（《天皇と贵族の古代政治史》）。

② 天平八年（736）敏达天皇之裔美努王之子的葛木王和佐为王申请降为臣下，受赐姓橘宿祢，改名为橘诸兄，橘佐为，此为橘氏之始。

③ 长山泰孝《律令国家と王权》。

④ 鹭森浩幸《王家と贵族》。

⑤ 野村忠夫氏指出，将荫位作为制度后，在大宝令制中才得以引入根据德行才干主义的考选制。见野村忠夫《荫子孙、位子、白丁》（《律令官人制の研究》增订版）。

⑥ 牧英正《资荫考》（《大阪市立大学法学杂志》2－1，1955 年）；野村忠夫《荫子孙、位子、白丁》；古濑奈津子《官人出身法からみた日唐官僚制の特质》（池田温编《日中律令制の诸相》，东方书店，2002 年）。

再生产变得比较容易，上级官人这样的政治地位依靠世袭而变得逐渐固定化了。

这一倾向在大宝令之后的改订中得到了明确。在庆云三年对荫位制的改订中，因特别敕令而保留了荫位得以升位的余地，基于天皇权限的上级官人的特权得到了确保。[①] 到神龟五年（728），在向五位的升叙之际，设置了向内五位的升叙者和外五位的升叙者这两种路径。[②] 这种内外阶位制，明确设定了在族姓因素影响下待遇及今后升职的区别，明确了在扩大的中央的五位以上官人中，给予特定氏族以身份上特权的差别化。据此，日本律令官人制根基中的族姓要素，在制度层面上被纳入位阶制之中。但这种制度下的贵族地位，一旦因政治斗争而崩溃，想要再恢复到原有的地位则成为极困难的事情。[③] 律令贵族的基础是通过被巧妙纳入律令制中的其与天皇的人格关系及荫位而确保下来的，他们没有在君主制和官僚制框架外维持自身势力的能力。因而，当其在官僚制内政治地位衰落后，便无可避免地导致其社会性的衰落。从这个角度来看，古代日本的荫位制并不是一个可以充分维持贵族制的制度。

与此相对，作为与天皇间纽带的氏族制的效命观念也在律令官僚制中持续发生着变化，在奈良时代以后依然残存于贵族阶层之中。如在 8 世纪中叶，虽然大伴氏已逐步失去曾经作为旧大夫阶层的势

---

① 《续日本纪》庆云三年二月庚寅条，《令集解·选叙令 34》授位条古记及令释。关于庆云三年格，见仁藤敦史《荫位授与制度的变迁について》，《古代王权と官僚制》，首次发表为 1989 年。

② 《类聚三代格》卷五，神龟五年三月二十八日太政官奏。在神龟五年内外阶制中的内阶项目中，有多治比、藤原、石川、橘、阿倍、大伴等六氏。鹭森氏浩幸《内外阶制と贵族》。

③ 长山泰孝《古代贵族の终焉》，《古代国家と王权》，首次发表为 1981 年。

力,[1] 但继承了本家血统的大伴家持在因橘奈良麻吕之变而遭遇流放的家族面前，仍作歌希望家族要团结，以求不玷污自先祖继承而来的大伴之名。[2] 这里的"祖名"被用作督促家族忠实地向王权奉献的规范性观念。[3] 虽然仅凭大伴氏传统贵族的地位并不能在 8 世纪以后依然保持这一立场,[4] 但从家持的歌中也能感受到在氏族面临分裂危机之际，对祖名（氏名）作为向天皇效忠时所起到的规范作用的这一强烈意识。

在奈良时代政治不安稳的情况下，多数传统贵族势力都进一步衰退。另一方面，藤原氏则持续占据着贵族的核心地位。接下来就应该如何看待他们这一点进行论述。

2. 藤原氏地位的飞跃与天皇

代表了日本贵族身份等级的藤原氏，是自依靠 7 世纪中叶中臣镰足竭力辅佐天智天皇执政之功，被赐予当时冠位制的最高位大织冠、大臣（内大臣）位以及藤原这一姓开始的。[5] 原本中臣氏是职掌神祇祭祀的伴造系豪族，虽然算是传统氏族，但也只是处于中等级别的贵族。在藤原氏初创之际，由于刚脱离中臣氏不久，因此绝对算不上有实力的氏族。

8 世纪以后藤原氏之所以得以崛起，很大原因在于镰足之子不比等的功绩。一直以来研究的关注点为：在镰足建立的功绩或不比等作

---

① 钟江宏之《大伴家持》（《日本史リブレット人 10》，山川出版社，2015 年）；鹫森浩幸《大伴氏》（《天皇と贵族の古代政治史》，首次发表为 2012 年）。

② 《万叶集》卷二〇第 4465 首《族に喻す歌》。

③ 熊谷公男《令制下のカバネと氏族系谱》（《东北学院大学论集 历史学、地理学》14，1984 年）、《"祖の名"とウヂの构造》；须原祥二《"仕奉"と姓》。

④ 关于 8 世纪大伴氏的政治地位，鹫森浩幸比较看重其与藤原氏的婚姻关系为媒介形成的与天皇家的联系。鹫森浩幸《大伴氏》。

⑤ 《日本书纪》天智八年（669）十月庚申条；《藤氏家传上·镰足传》。

为官员的个人资质及其在选定律令上的功绩的基础上，不比等的两个女儿（宫子、安宿媛〔光明子〕）得以分别成为文武、圣武二位天皇之后，以及藤原氏通过与天皇家的结合获得权势并排挤长屋王和橘奈良麻吕等其他氏等。

然而，并不能将藤原氏的崛起单纯看作是排斥其他氏的结果。[①]诚然，对其他氏而言，荫位制等制度的确将藤原氏置于更为有利的地步。但其开端则起自镰足、不比等的祖业。而且不比等的四个孩子所开创的南家、北家、式家、京家也与其他氏族一样，在此后浮浮沉沉，家族内部围绕主导权开展了反复斗争，即便是藤原氏也不可避免受到政治变动的余波。同样，通过与王的婚姻而进行的势力扩张，也可以说是超越了时代和地区制约。被授予高官、高位，以及与天皇联姻都是一种向天皇尽忠的结果，[②] 对藤原氏而言也不例外。

那么为什么作为律令贵族的藤原氏能够获得特殊地位，并长期占据政权的中心地位呢？在先行研究中经常可见围绕该如何认识藤原氏的氏族特征这一立足于氏族制研究的探讨，也从家产的管理情况和佛教的影响指出了藤原氏与王权间的联系。这些研究的分歧在于，是否能将藤原氏的性质视作因适应律令制度而成长起来的律令官僚氏族？[③] 是否因为与天皇结有联姻关系而具有天皇"本家人"氏族的性质？[④] 然而应该说，作为律令贵族的藤原氏同时具有这两方面的性

---

① 长山泰孝《古代贵族の終焉》；吉川真司《藤原氏の創始と発展》（《律令官僚制の研究》，首次发表为 1995 年）。

② 鹭森浩幸《王家と貴族》。

③ 竹内理三《8 世纪に于ける大伴的と藤原的》，《竹内理三著作集》第四卷《律令制と貴族》，首次发表为 1952 年。

④ 长山泰孝《古代贵族の終焉》；仓本一宏《議政官組織の構成原理》（《日本古代国家成立期の政権構造》，首次发表为 1987 年）、《藤原氏の研究》（雄山阁，2017 年）。

质，① 在皇位继承不稳定的 8 世纪，王权与藤原氏的关系时常受政局影响发生变化。在此主要沿时间顺序，对 8 世纪初至中叶的天皇与藤原氏的关系进行整理（见"天皇家与藤原氏关系图"）。

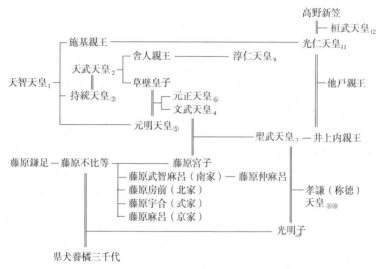

* 数字所示为皇位继承顺序，圆圈中数字所示为女性天皇

天皇家与藤原氏关系图

文武天皇二年（698），以祭祀活动为由恢复藤原意美麻吕等人为中臣姓，仅限不比等的血统使用藤原朝臣姓（《续日本纪》同年八月丙午条）。这虽然是将"镰足的效力资质"交由不比等一脉独占的措施，② 但从氏族原理来看，与以参与祭祀活动来效力的中臣氏不同，竭力辅佐天皇以维护王权这一自镰足以来对天皇家的忠诚被设定为该

---

① 吉川真司《藤原氏の創始と発展》。
② 須原祥二《"仕奉"と姓》；仓本一宏《日本古代国家成立期の政権構造》。

氏族的效命内容。[①] 不比等将镰足的功绩亮在明面，明确其作为藤原氏氏族进行效力，并依照氏族制原理让子孙世代将这一效力继承下去。

而且，其还拥有天皇外戚这样的地位。文武天皇虽然有夫人藤原宫子、嫔纪灶门娘、石川刀自娘三位"后"，但同代人中却没有能够成为皇后的皇女。[②] 这一偶发事情对不比等的政治地位发生作用，进而给此后藤原氏的政治基础带来了很大影响。在 8 世纪初国家草创之际，皇位的安稳继承与国家秩序的安定密切相关，是比什么都重要的问题。因此，有必要将继承天武天皇的持统天皇以来的"天武-草壁皇子-文武"这一继承伦理继续传承下去。于是，宫子产下的首皇子 (以后的圣武天皇) 被选为下一任皇位继承人。然而，首皇子却有着母亲不是皇女的血统上的缺陷，作为过渡的元明、元正二位女天皇对其进行保护，以外祖父藤原不比等和作为皇亲代表的长屋王等组成的议政官为核心，构建起了支撑其统治的体制。文武和长屋王、不比等都互相结有姻亲关系，长屋王是天武的皇子——高市皇子之子，不比等是镰足之子，他们各自都继承了功勋和封户，分别从皇亲和臣下的立场上共同支撑着首皇子，维持着国家秩序。

养老四年 (720) 不比等死去的翌年，元明太上天皇驾崩后，元正天皇将舍人亲王、新田部亲王二位皇亲分别任命为知太政大臣、知五卫及授刀舍人事，同时又任命长屋王为右大臣以巩固政权。此时，元明太上天皇以不比等的儿子武智麻吕担任中纳言，房前则一边参议一边担任内臣，内外廷诸事都托付给他们。也正由于此，不比等之时所构建的支撑天皇的政体得以顺利过渡到下一代。然而，从神龟元年

---

① 吉川氏认为藤原氏并非仅依靠妃子形成亲族集团而发展起来的，其中更重要的是对天皇家的忠诚与辅佐的累积。见吉川真司《藤原氏の创始と発展》。

② 关于令制中妃的等级与皇位继承，见远藤みどり《令制キサキ制度の基础的研究》，《日本古代の女帝と让位》，塙书房，2015 年，首次发表为 2010—2011 年。

（724）圣武天皇即位起，这样的均衡逐渐开始坍塌。随着圣武天皇的即位，天皇的生母藤原宫子的称号也就成为问题（《续日本纪》神龟元年二月丙申条，三月辛巳条）。太政官上奏让天皇撤回所下之敕，这一事件被看作是贵族阶层对于天皇具有优越性的事例。然而，从当时太政官议政官的结构来看，贵族阶级的意向并不统一，将实权皇亲长屋王囊括于贵族中委实有些困难。① 这也表明，拥有超然地位的天皇的意志并没能突破律令的规定。相比之下，中国皇帝的敕则不受律令制约，这在我们思考日本天皇权力与律令法规的关系时也富有启示。

更为重要的是，这一问题与在母亲为藤原氏的圣武天皇即位，继承了母家的祖名后，② 藤原氏确立其特殊地位也有关联。的确，在藤原氏的地位取得飞跃过程中，其与天皇的密切关系发挥了极大作用，但应该说，在与天皇的关系上，藤原氏达到准皇亲地位还是在圣武即位这一时间节点上。

事实上，当两个女儿进入后宫时，不比等应该就已经预料到外戚这层关系会给家族带来的繁荣局面。早在女儿们入宫之际，不比等就积极迎娶在后宫具有巨大影响力的县犬养三千代为妻。在光明子嫁给首皇子之时，元明太上天皇盛赞了不比等的功绩，可以说，这个婚事不只是不比等的心愿，也是天皇家的想法。在《国家珍宝帐》里记载

---

① 关于这一事件有诸多说法，如认为太政官的上奏是为取得王族、贵族的广泛认同而进行的政治演出〔河内祥辅《古代政治史における天皇制の论理》（吉川弘文馆，1986 年）；吉川真司《藤原氏の创始と发展》；鹭森浩幸《王家と贵族》等〕，上奏是因太政官在发布诏敕等内容的过程中的不恰当因素而请求天皇进行裁决的行为（井上亘《光明立后の史的意义をめぐって》，《日本古代の天皇と祭仪》，吉川弘文馆，1998 年，首次发表为 1993 年），认为事件的本质是长屋王和藤原氏（圣武）的对立，认为其是长屋王之变得远因（虎尾达哉《藤原宫子の"大夫人"称号事件について》，《史学雑誌》第 123 编 7 号，2014 年）等。

② 此后，圣武在宣命中述说其从父母双方那里继承了名，并开始治理国家（《续日本纪》天平胜宝元年〔749〕四月甲午朔条）。鹭森浩幸《王家と贵族》。

了正仓院宝物黑左悬佩刀的来历，其中显示出草壁→不比等→文武→不比等→圣武这样的继承关系，可见在天武一脉的祖传之物中有不比等的介入。如此种种其背景都是与天皇的姻亲关系，但同时也折射出不比等自身始终都是坚决站在维护王权的皇位继承这一立场上的。应该说，包括婚姻关系的一切，都是作为支撑王权安定的不比等所一心尽力的藤原氏效命的内容范畴。生母宫子的称号问题、长屋王之变，光明子的立后，① 以及为藤原氏出生的皇子即位进行理论建构，这些事情的快速运作都始于圣武即位之后。藤原氏对这种本家人式立场的坚持，在不比等的下一代变得更为明显，可以说是王权安定化产生的副作用。因此，与王权不断进行内在结合的藤原氏，在今后与皇亲长屋王发生冲突，从某种意义来说或许是必然的结果。

此后，藤原氏依托光明皇后的权威，和王权保持着一致的步调。而且，在不比等之后，对藤原氏的效力资质加以继承的人物是不比等与三千代的女儿光明皇后及受其重用而手握大权的藤原仲麻吕。② 特别是光明皇后，带有一种强烈的对其父亲不比等的继承意识。③ 在圣武天皇因病卧床以后，她作为皇后与母后，强化了权力以代理皇权，积极进行王权的安定化。她为了拥护女儿孝谦天皇而重视草壁的血统，同时通过提高不比等和三千代的地位，强化了自己的出身。而且由于孝谦天皇未婚，从舍人亲王血统中选取大炊王（淳仁天皇）为皇

---

① 关于立光明为后，见岸俊男《光明立后の史的意义》（《日本古代政治史研究》，塙书房，1966 年，首次发表为 1957 年）。以及鹭森浩幸《王家と贵族》；井上亘《光明立后の史的意义をめぐって》等。

② 关于光明皇后及藤原仲麻吕政权的性质，见木本好信《藤原仲麻吕政权の基础の考察》，高科书店，1993 年。

③ 由《国家珍宝帐》可知赤漆槻木厨子的来历，其是百济义慈王送给镰足之物，镰足送给不比等，后来又到光明子这里。见后藤四郎《国家珍宝帐に关する若干の考察》（《日本历史》398，1981 年）；关根真隆《献物帐の诸问题》（《天平美术への招待》，吉川弘文馆，1989 年，首次发表为 1979 年）；吉川真司《藤原氏の创始と发展》。

嗣，立为太子。大炊王与藤原仲麻吕的义女结婚住在仲麻吕的宅邸中，仲麻吕自身就任紫微内相，强化了与光明皇太后的合作，成为支撑天皇家的中流砥柱。他还推动了祖父不比等时期撰成的养老律令的实施以及一系列继承了镰足、不比等伟业的政策。可以说，光明皇太后—仲麻吕政权在整体方向上忠实沿袭了不比等所主张的藤原氏支撑王权继承的政策方针。

但是，光明太上天皇驾崩后，孝谦太上天皇和淳仁天皇间的矛盾公开化，仲麻吕的权势中便出现了阴霾。天平宝字八年（764），仲麻吕因叛乱而被作为罪人受到处决。叛乱之后，孝谦太上天皇废除淳仁天皇，自己重新践祚为称德天皇。此后，颇受称德天皇宠信的道镜又因专横遭贬，以左大臣藤原永手（式家）、右大臣吉备真备为核心重新组成了太政官组织。称德死后，他们拥立了以天智之孙圣武的女儿井上内亲王为皇后的白壁王（光仁天皇）。此时，皇位继承的谱系由天武—持统一系转到天智一系，天皇家与藤原氏的关系进入了新的阶段。

如此，8世纪的政治史正处于这种不安定的皇位继承问题阴影下，与天皇家具有密切联系的藤原氏的历史也与之同步。从本文论述天皇与贵族关系的立场来看，以不比等构筑的对天皇家的效力为基础，藤原氏获取了天皇家本家人这样的身份，更具体来说，出身于藤原氏的光明子成为皇后一事正体现出他们的特殊性。换言之，天皇与贵族的关系可以重新定义为是由氏族制联系转换为以亲族关系为中心的联系。但这种关系十分危险，[①] 当奈良时代后期天皇家和藤原氏的

---

① 在橘奈良麻吕发起的针对光明皇太后与藤原仲麻吕的叛乱中，除橘氏外，出身于大伴氏、多治比氏等的贵族也加入其中，可见他们的政策过于强硬，因而招致其他贵族的反抗。见木本好信《古代天皇权力と贵族专权》，《藤原仲麻吕政权の基础の考察》，首次发表为1992年。

密切关系坍塌后，以天皇为中心重新形成了新的权力核心。

结　语

　　本文围绕古代日本天皇与贵族的关系，概观了 8 世纪的相关情况。日本古代的贵族制是以氏族制和部民制为媒介，作为天皇家的权力核心不断成长后形成的产物。在模仿中国导入了律令的同时，官僚制的内在结构中也有对之前国家制度加以部分扩大而形成的性质。从这个角度来看，奈良时代初期的政治结构可以说是 7 世纪以来政治体制的一个结果。[①]

　　藤原氏地位的飞跃虽然具有其特殊性，但可以说其基础是在对律令官僚制内遗存的氏族制的效力观念加以灵活应用而形成的。天皇家既然选择了依靠与藤原氏的本家人的立场来保持王权，也就意味着其不得不改变因效力概念所结成的天皇与其他贵族之间的关系。

　　日本的律令国家是因天皇的情况而制订并逐渐形成的，古代贵族也与此相同，以世袭的天皇权力为前提得以存续。[②] 这一点也是其与中国贵族阶层的决定性差异，日本的古代贵族是按照与中国皇帝所不同的天皇的氏族、宗教性质发展起来的。因此，皇权的强弱随政局所变化，贵族阶层内部的斗争中注定夹杂着皇嗣问题。应当说这种天皇与贵族的关系直到恒武天皇迁都平安后才发生重大改变。长山泰孝氏将奈良时代定义为古代贵族的终结。[③] 他认为，8 世纪的贵族与 9 世

---

　　①　鹭森浩幸《王家と贵族》。

　　②　笹山晴生《奈良朝政治の推移》（《奈良の都》，吉川弘文馆，1992 年，首次发表为 1962 年）、《畿内王权论をめぐって》（《学习院史学》29，1991 年）。

　　③　长山泰孝《古代贵族の终焉》。

纪的贵族中间存在断层，必须将奈良朝的贵族和摄关时期平安贵族的情况加以区别分开来进行探讨。本文对此不作讨论，以留待来日。

（本文作者为日本大学文理学部准教授
本文译者为中国社会科学院助理研究员）

论1945年后日本学界"士大夫"（宋—清）研究之形成

梅村尚树 著　李稣书 译

序　言

　　"士大夫"研究在近年日本的中国史研究，特别是在宋—清时期的研究当中，可说其研究领域已然确立。然而，对于"士大夫"一语所指为何、该如何定义等问题上，即便是对相关问题已积累不少研究成果的今日，也尚未形成共同的理解；[①] 作为语义不明的暧昧概念被使用的情况屡见不鲜。实际上，将其理解为中国史上的全体知识阶层并无大错，以这一理解来进行讨论其实也不至于有太大的问题；然而，当我们面对一般被称为"士大夫"的对象，以及有异于此之对象间的差异——像是"士大夫"与"贵族"之差异为何——就产生了不得不回到所谓"士大夫"研究所探寻者究竟为何这一问题原点的必要性。此外，在目前学界特别是年轻世代的研究者，由于未能充分理解"士大夫"研究为何以及如何确立的情况下，该用语被更加暧昧地使用。尽管如此，由于笔者也是在"士大夫"研究这一研究领域确立后所出生者，其过程与笔者之经历无涉，完全是属于研究史的问题。因

---

　　① 平田茂树在《世界史 Q&A　宋代の士大夫・形勢戸・官戸の関係について教えてください》（《歴史と地理》656，2012 年）当中，论及"士大夫"尚未被严格定义的情况。

此，本稿试图藉由整理该研究领域的确立过程，来重新思考1945年后日本学界的"士大夫"研究究竟为何这一问题。举例而言，这也和"士大夫"研究以及"贵族"研究应该放在何种关联性下来讨论等课题直接相关。

"士大夫"一词是见于史料上的用语，溯其原义则语出《礼记》等典籍，指的是在周天子之臣属当中按等级区分为卿·大夫·士这三种身份序列，位于下位的大夫和士之连称者即"士大夫"。士以上的身份构成了与庶民的对比阶层，是在礼教秩序当中教化指导庶民之存在；这种规范性认识虽见于经书等古代经典的世界观，但是在日本的中国史研究当中，"士大夫"一语却不必然按其原义被使用着。当然，"士大夫"一语大致上是作为与庶民相对之支配阶层、知识阶层的代表性语汇，特别是在思想、文学领域，被视为历时性概念来使用的情况不少；但在战后的历史学领域，"士大夫"则是作为一个分析概念所确立的语汇。

因此，首先来看"士大夫"研究的分布情况。【表】主要是利用日本的国立国会图书馆所经营之网站"国立国会図書館サーチ"的检索系统，找出刊登于学术期刊上的论文标题当中含有"士大夫"一语的论文数，并按刊登年所整理的统计结果（但并未包含学位论文和书评）。① 必须注意的是，该检索系统未必完全涵盖日本国内的所有学术刊物，如被收录作为书籍出版的论文集论文，或是科研费的报告书等就未包含在内。即便如此，该数据库涵盖了绝大部分刊行于日本国内的学术期刊，是为大多数研究者所利用且值得信赖的数据库之一。

---

① 网站的URL为 https://iss.ndl.go.jp/。本文初稿撰于2015年，在提出定稿前于2020年1月30日再度利用该检索系统进行确认，并将新信息补充于【表】中。

此表按年度区分为 A、B、C 以做统计：A 为包含"士大夫"一语的论文总数，B 为 A 当中以宋代至清代为考察对象的论文数，C 为只以宋代为考察对象的论文数。为了便于理解，最后另行附上以十年为单位的统计数字。要从何处来划分这十年，虽然多少有随意的部分，但如后文所述，由于 1980 年是重要的关键期，因此以 1950 年之后的十年来作区隔，再以其后每十年为一区隔单位。

本表清楚可见，1980 年代以后的"士大夫"论文数呈现显著增加的现象。尽管学界整体论文数的增加也是重要的因素，因此无法作单纯的比较，但以绝对值而言，增加了两倍也是不争的事实。更重要的是 A 项与 B 项的比例：从 1980 年代开始，B 项在 A 项所占的比例急速增加。这不仅意味着以"士大夫"为主题的研究出现增长，更表示自宋至清时期的研究领域里"士大夫"之相关研究的大幅增长。这一结果其实也和 1980 年代以降，特别是 1990 年代至 2000 年代以后之"士大夫"研究盛极一时的印象相吻合；可以认为本表在一定程度上正确地反映了学界的动向。在此基础上，本稿的目的在于厘清研究史上于 1980 年前后发生的转折点，并思考"士大夫"研究之成立的意义。

一、周藤说与宫崎说

在二次大战结束后不久，有引领战后中国史研究之功的周藤吉之和宫崎市定，在 1950 年分别留下关于"士大夫"定义的文章。首先，周藤吉之在《宋代官僚制と大土地所有（宋代官僚制与大土地所有）》（日本评论社，1950 年）的序文中如下谈道：

> 当时的地方豪族被称为形势户，形势户教子弟们读书而成为

读书人；读书人若考上科举得出任官职则成为士大夫，那么其家则称为品官之家或官户。……亦即在宋代，由于地方的形势户不断藉由科举制度而大量地成为官户，宋代遂成为官户阶层逐渐形成的时代。

豪族通过读书而成为读书人，继而通过科举成为官僚，这便是周藤吉之所理解的"士大夫"图像。这里所预设的"士大夫"，尽管其被包摄于官僚组织当中的这一政治面向受到强调，但更重要的一点是，比起作为宋代特征的"士大夫"这一群体，周藤预设了"士大夫"之家即官户阶层为大土地所有者的主体，并将重点放在其形成的过程。至于宫崎市定，则在《東洋的近世（东洋之近世）》（教育タイムス社，1950 年）当中谈到：

可以看到在文化上之读书人、政治上之官僚、经济上之地主、资本家，这种三位一体的新贵族阶级的成立。一般习将此称之为士大夫。（第 75 页）

抑或：

这是因为宋代以后的地主并不单单只是地主，其中的多数成为了知识阶级之士大夫，这种一面是官僚而另一面是地主的支配阶级遍于全国，绝大多数的土地都逐渐地被这种新兴阶级所占据。（第 54 页）

就以实际的状态来说，这种说法与周藤吉之所述豪族成为读书人，读书人成为士大夫者无甚差别；但宫崎明确地综合读书人·官僚·地主这三个面向为"三位一体"来做处理则是其特征。此外，由于宫崎这本书是讨论"近世"的作品，因此当中对于"士大夫"的定义就不仅止于宋代，而是将其视为自宋至清的共同存在。特别是其中所谓"新贵族阶级"所定位的"士大夫"，是相对至唐代为止之旧门阀贵族阶级的存在；而将藉由科举制度所形成之"士大夫"阶级的出现，作为唐宋变革论的主要支柱之一的这种想法，其实早已见于宫崎在二战时所著《科举》（秋田屋，1946 年）一书。

可以认为，当前对于"士大夫"的印象大都依据前述的宫崎说，这种三位一体说毋宁说是被广为接受的主流思考方式。然而，若是进一步追溯从 1950 年至 1980 年为止的宋代史研究动态可知，反而是如周藤般以"官户"、"形势户"等概念来作分析的手法更为普遍；作为分析概念，学界并不乐于使用"士大夫"一词。

1950 年《史学雑誌》中《回顧と展望（回顾与展望）》的执笔者村上正二，将学界的动向总结为"宋代近世说"和"宋代中世说"的对立，文中说道："在 1950 年度，关于宋代的性格规定出现了极为重要的讨论与研究。"[1] 具体来说，其中有如堀敏一在"历史学研究会大会"上以"中国における封建国家の形態（中国史上封建国家之形态）"为题所做的报告，以及像是前述周藤吉之、宫崎市定等人的相关著作等。简言之，周藤从以佃户制为基础的土地生产关系出发，将宋代农民的奴隶性格依然强烈作为主要依据，而把宋代定位为"中世封建"般的社会；村上将此总结为宋代的支配阶层是官僚与"形势户"一体化下的产物，而宋代特别是南宋时期，则发展为官户等同于形势户的情况。对于宫崎说，村上描述道：像是由于在经济上以都市

---

① 村上正二《歴史学界の回顧と展望 宋·元》，《史学雑誌》60 编 5 号，1950 年。

为中心的商业流通之发达和经济资本之成长，在政治上则有门阀贵族之崩解与支持君主独裁的"士大夫"阶级之产生，在思想与艺术层面上也有文艺复兴精神之萌芽等，遂将宋代定位为"近世"。

就史料而言，相较于官户和形势户，士大夫是相对暧昧的概念。宫崎将多面向的要素涵容其中，以该词作为一分析概念来试图表现自宋至清即"近世"当中一直存在着的支配阶层。然而，由于自1950年代起，围绕在佃户制性格的土地生产关系成为宋代史的主要课题，对此学界偏好使用更为明确的用语来作分析，因此像是形势户等用语，不仅是宋代特有的史料用语，也因其直截地表现出地主之姿而更受到瞩目。此后不久，已看不到对于士大夫究竟是何种存在的集中议论。

二、明末清初的"乡绅"论

1. 1945 年以前的乡绅观

对于 1980 年以降的"士大夫"研究成立有直接且重要之意义者，是盛行于 1960—1970 的"乡绅"研究。出现于明代中叶的史料，且为明末清初时期象征性存在的乡绅，毫无疑问是 60—70 年代的明清史研究中的核心课题。重田德发表于 1971 年的乡绅研究整理，[①] 是日后也具重要影响的成果，据此可知，战后不久大致有两种看法互异的乡绅观。其一以根岸佶为代表，将乡绅视为民间的指导统率，对其抱持肯定的印象。根岸出生于 1874 年（明治 7 年），至 1945 年为止持续从事中国经济史研究，其代表作有《支那ギルドの研究（中国行

---

① 重田德《郷紳の歴史的性格をめぐって》（《人文研究》 22‑4，1971 年）；《郷紳支配の成立と構造》（荒松雄等编《岩波講座　世界歴史》12，岩波书店，1971 年）；二文日后皆收录于重田德《清代社会经济史研究》（岩波书店，1975 年）。

会研究）》（斯文书院，1932年）等，在1947年《中國社會に於ける指導層——耆老紳士の研究——（中国社会当中的指导阶层——耆老绅士研究——）》（平和书房）出版之时已是古稀之龄的学界泰斗。其著作的核心主题为"耆老绅士"，略称为"耆绅"，其他如"缙绅""乡绅""豪门"等也包含于此概念中；但此处所谓的「乡绅」，指的并不是明末清初时期的乡绅，而是指居住在耆老绅士所在之乡者，尽管在施行科举制度的隋代前后其性质有所转变，但基本上是作为历时性的意义而被使用。据根岸的定义，所谓的耆绅阶层相当于"欧洲封建社会里的领主、武士、教士""近世资本主义社会里的实业家，和附属于其下的支薪者等"指导统帅阶层；在中国社会当中不论朝代如何更迭，耆绅阶层总是遵守着传统和习惯，有时则藉由对其创新而在实际上统治着各种团体（宗族、行会、乡党等）。由于根岸特别强调中国社会的一贯性，甚至如此论述着中国的样貌：极端而言，不论是专制体制或共和体制（此处显然意识到孙文所揭示的"共和体制"），一个由耆绅阶层所统治的不变社会始终存在着。若更具体地描述根岸所想象的耆绅，其渊源则可追溯至汉代的父老，且因其中既有隋代以降的科举官僚，不仅有追随曾国藩而镇压太平天国者，亦有支持清末革运动者，所以其中即便存在着守旧的"土豪劣绅"之一面，但将其摧毁而推动改革者也正是耆绅阶层，根岸的"耆绅"基本上是呈现着肯定意味的描写。

有别于此，强调其作为官僚这一侧面的"乡绅"像者，可以松本善海为代表。松本氏出生于1912年，自1930年代起始终持续着中国村落的研究。特别像是在和田清所编的经典名著《支那地方自治发达史（中国地方自治发展史）》（中华民国法制研究会，1939年）当中，年方二十余岁的松本早已在实质上发挥着如中枢般地重要作用。松本的历史观清楚地展示在1949年刊行，由仁井田陞等编《世界の歷史Ⅲ　東洋（世界史Ⅲ　东洋）》（每日新闻社）中《中世——封建主义への傾斜（中世——朝向封建主义的倾斜）》等出版物里,[①] 可综括如下。汉代以前的乡里,是作为由父老等管理的自治组织,为专制权力所不及的孤立且封闭的空间;但随着时代的推移,汉晋隋唐时期专制权力也逐渐渗透至乡里。同时从八世纪开始,在民众当中开始产生了新的结合关系之"社";其结果是,这种由下生成的结合并没有发展成有如行会（基尔特）般自国家权力所独立出的结合,而是"变成了官僚主义附属品之乡绅用以施行专制的处所"。[②] 这一历史观的基础来自松本对中国社会的一贯见解,即少数官僚和多数庶民这种二阶层的分离看法。特别是隋代以降所施行的科举制度与对贵族阶级的否定相联系,科举制度为上层带来了吸收成长自底层人们的作用。这么一来,便回避了日益爬升的下层与曩昔上层间的决定性对立,而领导民众的耆老阶层藉由被连结入官僚机构的末端,从而转化为有如封建主义般承包着国家权力之"乡绅"。

若试加整理根岸和松本上述的相异点,就会出现究竟得将"乡绅"的性格视为民众社会之统率者般之正面形象,抑或是将其视为官僚末梢组织般之负面形象这一鲜明的对比。其后仁井田陞对这两方面像是作出止扬般的,将行会、宗族、村落等各种中间阶层团体内部的权力关系和国家权力理解为"不即不离"的关系,并将乡绅描述为既

---

① 另有重要的文章像松本善海《中国村落制度の史的研究》（岩波书店,1977 年）序章二《中国史における国家と社会の对立》。此书是松本去世后的遗稿集,此时虽是初出,但若据佐伯有一在《后记》的推测,这部分松本从 1939 年后便已开始执笔,1944 年以前应已完稿。但是就这部作品整体而言,当中既有松本自身的修改补充之处,那么也就无法排除这部分或为松本在战后所补充的可能性。

② 松本将中世视为"封建主义"的社会,并将古代朝向中世的转换点置于均田制已明确崩坏的八世纪。其看法认为,由于庄园的发达与科举制的施行均在此前后,因此实际情况有异于西洋史上之"封建",此时所形成者乃是中国式的封建主义。

具有身为村落内部之权力者这一面，也具有身为协助国家权力而成为权力支配之主体者这一面之双面性。[①] 然而，除却这样的对比之外，将乡绅作为超越时代的存在这一点上则是共通之处。由于松本将乡绅置于封建主义尾端的缘故，可知松本应是以明清时期的官僚阶层为中心来考虑乡绅问题，但他基本上还是将乡绅理解为专制权力对隋代以后因科举而突然产生之地方自治的执行者，并未具体指涉作为史料用语的明末清初之乡绅。对于这一点，从松本的论著（包括以明清时期为讨论对象者）当中完全没有出现明末清初之乡绅这一现象也能得到确认。不如说，松本对于"乡绅"这用语的印象其实和根岸相同，都是在追溯从近代（根岸将此称为近世）向现代推移的过程当中，曾起到历史重要作用的"绅士""绅商"时而意识到乡绅的；进一步而言，松本所重视的是"乡绅"在村落里的政治性权力，而未强调其作为大土地所有者、地主的这一侧面。这一点和 1960 年代以后关于乡绅的论述有着显著的差异。

2. 作为"历史范畴"的乡绅

然而，对于明清研究者而言，"乡绅"还是逐渐被理解为明清时期的特殊存在；酒井忠夫在 1952 年发表讨论"乡绅"和"士人"定义问题的研究可谓其先驱。[②] 酒井从对明清史料所见"乡绅"的语意检讨开始，指出"乡绅""乡官""缙绅"等用语几乎都具有相同的内涵，并注意到这些用语和同属于士大夫读书人阶层的"士子""士人"是被区别开来使用的现象，并将两者进行了对比性描述。两者虽然都是通过科举而在政治、经济方面成为地方社会之特权阶层者，但酒井将其中现任或致仕的官僚阶层定义为乡绅，将举人、生员等尚未入仕

---

① 仁井田陞《中国法制史研究（刑法）》，东京大学出版会，1959 年。
② 酒井忠夫《郷紳について》，《史潮》47，1952 年。

者定义为"士人"。酒井当初所描述的乡绅像，在强调"乡绅之蛮横"所代表之否定面向的同时，也提到"身为官僚士大夫阶层的同时，绅也是如地主般的土地所有者和商业资本家""为官僚、地主、高利贷资本家之所谓三位一体的支配阶级"，其实就是宫崎市定所论述的"士大夫"。这篇论文虽然止于构思阶段，但从中可看出酒井注意到像这样批判乡绅应有姿态的史料大量被保留下来，并藉由将此解读为民间社会力量的提高，以试图找出明末清初的时代特征。此后，酒井在1960年撰成了《中国善书の研究（中国善书的研究）》，上述论文在大幅增补改写后已收录于其中。① 其增补的中心便是关于"士人"的部分。酒井将其总结为：在隆庆年间以降（1567年后，亦即明末时期）士人的人数大增，其以出身于下层阶层者日益增多为其历史背景，这些士人作为位于乡绅和庶民之间的中间阶层，和乡里中的直接指导阶层，而成为反封建支配运动的主体。此外，酒井不仅描写了在乡绅当中也有加入反封建运动而和民众一同揭竿而起者，也描写了和乡绅、宦官联手而横行乡里的士人；藉此注意到主要以都市为中心的各式阶层之成长，和由此所引起针对封建支配的抵抗运动（民变）蜂拥而起的模样。酒井所描绘者，为乡绅与士人二者各自孕藏的双面性：原本应是和封建支配者同阵线的乡绅，也逐渐具有支持民众运动般反封建的一面，而自这一变化当中找出乡绅在明末清初的历史意义。

在酒井进行以都市空间为中心的文化社会性质考察的同时，将明末清初的乡绅视为大土地所有者、地主制的一个阶段这种观点，也在这一时期变得明确起来。在过去，北村敬直已将明末的大土地蓄积现

---

① 酒井忠夫《中国善书の研究》 第二章《明末の社会と善书》，弘文堂，1960年。

象表现为"从乡居地主到城居地主"，[①] 而这时安野省三则把几乎相同的内容表现为"藉乡绅层之手的大土地所有制之一般化的成立"，[②] 以此为契机，逐渐将出现于明末清初的大土地所有者之主体，朝向和官僚体系有连结且为一定社会阶层之"乡绅"当中进行追索。

1961 年所刊行的《世界の歴史 11　ゆらぐ中华帝国（世界历史 11　动摇的中华帝国）》（筑摩书房）当中，由田中正俊执笔《民变·抗租奴变》一节里描述乡绅和士人的区别，以及在乡绅当中也有支持民众运动者，亦即也存在着反封建的乡绅等，基本上是照搬酒井的论点。但在另一方面，透过农村生产力的增加和商业流通的发展而造成了各种阶层的成长，田中以此为背景，将"民变"放到中国史上的"资本主义萌芽论"当中以作定位，并强调读书人阶层的乡绅·士人阶层之作用在市民运动[③]当中的局限性。田中论点的中心在于，像这些相当于资本主义萌芽的各种条件在促成农民阶层成长的同时，也结构性地酝酿出了有异于曩时的非在地地主，即官僚、商业资本家、地主融为一体的非在地地主，并将之视为乡绅地主的实际状态。从而把和都市运动并行且日益频发的农村抗租运动，当成是在这一背景下之旧有地主—佃户关系在迈向解体之际所产生者，并将其定位为"在中国史上诸般封建关系之解体过程"。这里所谈的乡绅，是作为农村封建体制在矛盾深化于极点时所出现的"历史范畴"而被把握。乡绅

---

①　北村敬直《明末·清初における地主について》，《歴史学研究》140，1949年。后收入氏著《清代社会经济史研究》，大阪市立大学经济学会，1972 年。

②　安野省三《明末清初、扬子江中流域の大土地所有に关する一考察——湖北汉川县萧尧窆の场合を中心として》，《東洋学報》44 卷 3 号，1961 年。后收入氏著《明清史散論》，汲古书院，2013 年。

③　田中所设想的市民运动，是安格鲁斯在《ドイツ農民戦争》所定义的"初期市民运动"。读书人阶层作为"市民的反对派"所起到的作用并不充分，相较于此，下层民众的集结对于运动而言更为重要，这是因为不论运动的成败，在像这样的集结和运动过程当中方能找出其历史意义。

在此已不是作为历时性的概念被掌握，而是成为揭示历史发展阶段的指标，而这也不啻是将乡绅作为理解历史发展之关键的宣言。①

3. "乡绅化的土地所有"与"乡绅支配"

比田中所揭示的"历史范畴"要更进一步，试图将明末清初出所现的整体历史变化作为"乡绅"范畴之成立与开展之问题来理解者，为小山正明与重田德。小山自 1957 年起从事明清社会经济史的研究，1964 年以降则将焦点放在明代的赋役改革研究。小山在 1966 年的明清社会经济史研究回顾里，②为明清时期的政治发展发展进行了概括："作为包含明末清初经济发展过程、赋役改革、政治史等全体构造的理解枢纽，这一乡绅概念的厘清实具有重要的意义。""若能将乡绅把握为是和宋代以来的官僚或士大夫有所区别的明确历史范畴，那么对明清史的理解将能有飞跃性的提升。"甚至还在 1967、1968 年十段锦法的税制研究里，首次明确地提出了"乡绅式的土地所有"这一概念。③小山在文中将国家征调税役的形态出现了以各户所持有的土地为对象这一变化，和以各种税役到清代中叶为止逐渐成为纳银一元化这一变化脉络为前提，将明代十段锦法的税役改革理解为是国家赋予乡绅的税役特权在扩大化过程下的产物。小山进一步将此定位为国家在承认大土地所有制（里甲制之解体）的同时，试图对应这情况并

① 《ゆらぐ中華帝国》在卷末收录了《座談会 中国の近代化》，座谈会主持人田中谈了其中的一个主题"旧農村体制と郷紳支配（舊農村體制與鄉紳支配）"。田中在当中谈到有必要结构性地弄清楚，在读书人阶层内部的阶层分化进行过程。此外，小山则提出应该在何处找出宋代士大夫和清代乡绅的差异这一问题。对小山和重田而言，这些问题则成为了贯穿整个 1960 年代的主要研究课题。

② 小山正明《明・清社会経済史研究の回顧》，《社会経済史学》31-1～5 合并号，1966 年。后收入氏著《明清社会経済史研究》，东京大学出版会，1992 年。

③ 小山正明《明代の十段法について（一）》，仁井田陞博士追悼论文集编集委员会编《前近代アジアの法と社会》，劲草书房，1967 年；《明代の十段法について（二）》，《千葉大学文理学部文化科学紀要》10，1968 年；皆收入小山前揭书。

确保徭役来源的举措，并将这一大土地所有制的发展定义为"乡绅式的土地所有"。

小山在这时担任西嶋定生所编《東洋史入門》里唐末至清代的执笔者，[①] 除了在当中明确了自身的乡绅观以外，在经过如后述与重田的讨论后，于 1974 年撰写《アジアの封建制——中国封建制の问题——（亚洲的封建制——中国封建制的问题——）》一文，[②] 再次确认前述观点的意义，并讨论其与封建制度间的关连。小山的乡绅论大致上是由两项论点所组成，一是小农经营的自立化和国家在通过赋役改革后对农民支配形式的变化；另一是因科举造成的社会机能之变化。

小山在相对主要的第一点将十段锦法等明代的赋税改革，置于宋代以来的脉络当中定位。由于宋至明代的佃户在实际上和奴婢的区别相当暧昧，且在大土地所有制底下得以安定再生产小农经营的环境也已不复存在，因此大土地所有制自身既然无法保有安定的基础，那么便需要国家权力不断地进行统制与介入。由于明末清初小农经营的自立和地主的土地所有权已然确立，过去的大土地所有制在此时遂转化为安定的封建形态之土地生产关系。若自国家的农民支配形式来看，此乃以个别户口进行支配（户等制支配）之解体，转为以田地进行支配形式的确立过程；也由原为国家与农民的对抗关系，逐渐转变为封建地主与佃户的对抗关系。这种封建形态地主的成立，也就是"乡绅式的土地所有"之成立。小山藉此将其定位为中国封建式土地所有形态之确立，这是对松本善海、北村敬直等人的封建制理解，也是如田

---

① 《中国社会の变容とその展开》。

② 小山正明《アジアの封建制——中国封建制の問題——》，历史学研究会编《现代历史学の成果と課题》2，青木书店，1974 年。小山在隔午另发表了《宋以後の国家の农民支配》，历史学研究会编《历史における民族の形成》，青木书店，1975 年；其中更为具体的针对宋明之间的异同进行了比较。二文皆收录于小山前揭书。

中正俊将乡绅的出现视为封建制崩解后的发展，即将其视为封建制解体过程之理解的一种挑战。[1]

此外，小山将宋代的形势户、明初的粮长视为大土地所有者的主体，并将乡绅定义为代前者而出现的社会支配者；而乡绅之所以能够实现有异于过去地主阶层之支配形式的契机，则以科举制度的社会机能变化来做说明。这便是小山的第二项论点。小山注意到的是科举制度当中位于下层者的资格化——不仅是以进士为主的官僚阶层，连生员、举人都保有终身资格——因而被赋予税役上的特权这一现象，并认为这构成了得以和庶民明确区分开来的社会支配身份＝乡绅。这意味着以官僚为顶点的社会支配阶层内部的阶级化，科举已不单单只是选拔官僚，更逐渐地担负着将社会身份阶级化的任务；小山认为这是支持明代后半期所出现之土地所有形态的重要变化。

在另一方面，重田德从 1956 年左右开始发表关于清代地主制、国家的农民支配等相关论文，可见其对中国封建制的问题始终抱有强烈的关心。[2] 特别是 1969—1971 年期间，重田深入考察了对中国封建制的论述而言乡绅论有何意义这一问题，并试图在"乡绅支配"之成立的架构下来理解明末清初的大变动。[3] 重田开始进行一系列封建

---

[1]　《座談会 中国の近代化》 提到，田中将乡绅的出现描述为"封建社会的凋谢期"，这和小山"封建形式的土地所有关系终于确立"的理解互异。

[2]　重田除了撰写《歴史学の成果と課題Ⅷ》（《歴史学研究》 213，1957 年）里《中国封建》一节外，另有以《中国における封建制の体制の成立について》（《東洋文化研究所紀要》 19，1959 年）为题的报告摘要。这些文章所揭示的想法，或将成为日后讨论封建制文章的基础。此外，重田在《一条鞭法と地丁銀との間》（《人文研究》 18‐3，1967 年）当中，认为小山自身虽然尚未使用"封建制"一语，但其论述已接近"封建体制的问题"。

[3]　重田德《封建制の視点と明清社会》（《東洋史研究》 27‐4，1969 年）；《中国封建制研究の方向と方法——六朝封建制論の一検討——》（《歴史科学》 33，1970 年）和注 4 所揭论文。皆收入氏著《清代社会経済史研究》（岩波書店，1975 年）。

制论述的契机，来自谷川道雄可说是"转向"的六朝封建制说，[①] 以及河地重造受此影响而提出的封建制论。[②] 谷川在此前后所发表的一系列论文，[③] 以所谓的"豪族共同体论"最为著名，此说的特征是认为六朝贵族生存基础的本质，既不在大土地所有也不在官僚制（皇帝权力），而应向由教养和道德等高尚精神所支撑的贵族与农民所共有之连带关系去寻求这点。对重田而言，大土地所有形态的发展和伴随而来的小农经营的变化，亦即土地生产关系才是封建制问题的核心；因此像谷川这种视六朝时代为以精神伦理性的支配关系为特征之分权形态社会，并将其定位为中国史之封建制社会的论述，毋宁是抛弃了前述问题核心的看法。

此外，河地重造则将宋代以降的土地视为生产获利的商品，并将其定位为"地主资本"，主张宋代以降已非封建制。对此，重田举出宋至清代，特别是明末清初地主性格出现大幅度的变化，以及在此时期当中，相较于资本主义理论主张的土地、生产力流动化因素，政治支配力量其实发挥了更为强大的作用等例子以否定河地的说法。然而，重田认为河地说最成问题者，并非这些个别的项目，而是河地的理论在封

---

①　谷川道雄《中国史研究の新らしい課題——封建制の再評価問題にふれて——》（《日本史研究》 94，1967 年）。重田接触此说后描述道，谷川原本应是和将重点放在土地生产关系来论述中国史的时代区分即"历史派"立场较为接近，却在另一方面又宣告"历史派"的方法论已破产，并作与其断绝关系的宣言。

②　河地重造《アヘン戦争以後のウエスタン・インパクトと中国の農村経済体制》（《アジア研究》 14 - 3，1967 年）；《旧中国における農村経済体制と村落——中国封建制研究への一つの視覚》（田村博士退官記念事業会《田村博士頌寿東洋史論叢》，1968 年）。后皆收录于氏著《毛沢東と現代中国》（ミネルヴァ書房，1972 年）。

③　谷川道雄《中国史の世界史的把握はどうすすんだか（1）——古代社会の性格論争をめぐって——》，《歴史評論》 184，1967 年；注 21 論文；谷川道雄、川勝義雄《中国中世史研究における立場と方法》（中国中世史研究会編《中国中世史研究》，東海大学出版会，1970 年）；《北朝貴族の生活倫理》（《中国中世史研究》）。

建社会与近代之间，假设了一个不属于二者的时期这一点上。

面对否定了大土地所有制却推导出封建制的谷川理论，和瓦解了近代社会之前应有非封建社会这一发展阶段论之前提的河地理论，重田开始积极地讨论中国史上的封建制究竟为何这一问题。鉴于宋至明清时期集权国家体制的渐次建构为不言自明的事实，那么该体制如何与封建社会结合遂成问题；而解决此问题的关键，重田认为在于明末清初以降特有的封建形式阶级社会的实现形态，亦即"乡绅支配"。

重田是如何在中国封建制当中为"乡绅支配"作定位的呢？其实重田的乡绅观基本上和小山的差异不大，只是从田中、小山所揭示的乡绅观所见的现象当中，强调国家和社会的双面性。例如，小山将"乡绅式的土地所有"得以成立的构造分为二：一是将其置于小农经营的自立化与里甲制解体的过程中，找出土地所有者的变化和因此而出现的大土地所有者；另一则发现通过科举制度所取得的国家特权，其实是阶级性地赋予包涵了生员在内的广义之支配阶层，继而由此发生社会身份的阶级化。对此，重田则批判小山的论述并未阐明产生乡绅的这两个契机之间的关联性，并认为正是在这一未统一的双面性里，方能看出"乡绅支配"的本质。亦即，西洋史上封建化的主要结构是，前近代的极权国家不断地生出特权阶层，其权力一旦强化便朝半独立化发展；但是宋代以降的中国并不承认官僚世袭，因此特权不仅未固定化且持续分散，而光是这点封建化就无法实现。另一方面是地主—佃户关系的发展，亦即生产关系的封建化藉由接触以科举制为媒介的官僚制特权，从而使非基于土地所有制的"广域形态支配"也得以实现——而过去只有基于土地所有的私人支配。[1] 就这一点而

---

[1] 重田将这两种封建化的压力分别称为"自上而下的封建化"和"自下而上的封建化"。

言,不同于小山将重点放在科举制的社会机能变迁上,重田找出了隐藏在官僚制与科举制当中的封建化契机,认为此封建化反而是因科举的制约而成为无法从国家权力分离出来的权力形态,并将此称之为"乡绅支配"。

重田德基于上述的理解,主张中国的封建化是藉由"乡绅支配"所实现者,并进一步提出了以下的问题:乡绅既然能够成为时代区分的重要指标即"历史范畴",那么就必须和其他时代的中间支配阶层如汉代的豪族、六朝隋唐时期的贵族、宋代的形势户等有所区别。但只要秦汉以来的皇帝专制支配不变,那么不论国家权力的强弱,国家权力与社会实际支配阶层的关系基本上便会维持着一贯的性格;因此,重田认为应该下意识地检视中间的支配阶层和其上的皇帝或其下的农民有着怎样的关系,并藉由整理出其阶段性的差异以描绘历史的发展。

这一问题的提出其实也形同于对于小山、谷川等人的批判。小山视乡绅和形势户、粮长为同一阵线的支配阶层,那么其对乡绅的理解也就只停留在地主这一形态。若和谷川一样,认为六朝贵族不是植基于物质基础而是精神基础,因此未必会发生大土地所有形态而是会以维持小农秩序为目标的话,那么这就看不出和汉代以小农经营的自立为目的之"个别人身支配"的差异。重田指出,这就是说若将六朝规定为中世和封建社会的话,反而只是证明了六朝和秦汉社会的同质性、连续性而已。

由此可见,重田对于作为中间支配阶层的乡绅应具有何种特征这一问题,已说出更加具体地理解的展望。揭示这一具体构想的部分材料,为 1971 年《郷紳支配の成立と構造(乡绅支配的成立与构造)》尾注所言:乡绅所具有的"超越了地主=佃户关系之间接的。领域的支配(如政治支配=裁判、调停、治安维持、救灾抚恤等;文化支配=教育、教化、舆论指导等;经济支配=市场支配等)的部分理应予以阐明，囿于篇幅，于此只能割爱"。[①] 然而结果却是，因重田于 1971 年病倒，在 1973 年便以 43 岁的英年离世，前述论文遂成其绝笔宣言。尽管如此，继承了重田所提出的问题者，乃是下个世代的森正夫。

三、从乡绅到士大夫：自森正夫而始的转换

森正夫就读于京都大学，自 1961 年作成其处女作以来，[②] 便一直从事明清时期国家的土地制度改革研究，自然也接触了田中、小山、重田等人的讨论，此外，森还直接参加了宫崎市定的演习课程，宫崎的影响在日后更对森造成了重大的理论转换。[③]

森在 1970 年左右，开始以直接生产者即佃户的立场来把握地主式的土地所有，并以此为目标进行研究，当时正值小山提出《乡绅式的土地所有之确立》、重田提出"乡绅支配"的时期；乡绅论和对其之批判遂成为当时学界最受瞩目的课题。[④] 1972 年，田中在"历史科

---

① 另需指出一要点：在 1971 年的论文《郷紳の歴史的性格をめぐって》里，将符合成为乡绅成立之前提之科举制度的社会阶层假定为"地主层"。但是重田在注里，也承认将其理解为教养阶级即士大夫阶层这一立场；而这其实是和乡绅的性格相关的重要问题。这或许会被认为是指宫崎市定和酒井忠夫的理解，但重田的立场是，因为方法的层次相异而不论及前述理解，也不采其说。由此可想象，将乡绅作为士大夫阶层来理解的方法，其实也是有一定的可能性吧。

② 森初期的论文有《明初江南の官田について——蘇州・松江二府におけるその具体像》（上）（下）（《東洋史研究》 19 - 3，4，1961 年）、《十五世紀前半太湖周辺地帯における国家と農民》（《東洋史研究》 21 - 4，1963 年）等。皆收入氏著《森正夫明清史論集》 第一卷，汲古书院，2006 年。

③ 本节所引森的各篇论文，可参考《森正夫明清史论集》第一卷《序文》。

④ 批判的论说如岩見宏《清朝の中国征服》（荒松雄等编《岩波講座世界歴史》12，岩波书店，1971 年）；柳田節子《中国前近代社会における専制支配と農民運動》（《歴史評論》300，1975 年）；高橋孝助《清朝専制支配の成立と 小土地所有者》——清初の江南における 《重賦》 問題を素材にした場合——》（《歴史学研究》421，1975 年）等。

学协议会大会"讨论了中国封建制研究的课题，其中提出近代虽已克服了封建制问题，但与此相反，"乡绅式的大土地所有"问题却尚未解决。① 此次田中报告的"讨论要旨"由森和深谷克己联名发表，这也成为森讨论乡绅问题的契机之一。此外，森接受了 1976 年"历史科学协议会大会"的报告邀请，于会议中论述其乡绅论。② 当时森表示自己过去"在'乡绅'、'乡绅、士大夫'用语的使用上，不甚措意"；③ 对于森而言，乡绅问题已是不得不正面加以克服的一大课题。

森首先梳理了在"乡绅式的土地所有""乡绅支配"等概念占据学界支配地位之前的过程，并将其放在 1960 年以降明清史研究的几项重大课题当中来定位。森将这一研究动向概括为，具有相较于普遍更加重视"特殊"、相较于发展更加重视"构造"的强烈关心；换句话说，是为了更明确地理解中国独自的发展阶段的一种构造性理解。这是意识到当时的中华人民共和国正走向共产化这一异于资本主义近代社会的形成阶段，而对朝近代化前进这一普遍进程作了批判性的理解，并指出把握发展阶段并不是只有资本主义萌芽这单一指针，而应以对社会全体构造来把握发展阶段；森将乡绅论评价为在这一问题意识下所开展出的研究达成点之一，并提出了下述为了解决此课题而留下的问题。

重田将"乡绅"作为"政治社会的范畴"而非"经济的范畴"来

---

① 报告内容见于田中正俊《中国の変革と封建制研究の課題》，（《歴史評論》271，1972 年），收入《田中正俊歴史論集》，汲古書院，2004 年。

② 见森正夫《いわゆる〈郷紳的土地所有〉論をめぐって——大会予備報告に代えて——》（《歴史評論》304，1975 年）、《日本の明清時代史研究における郷紳論について》1、2、3（《歴史評論》308、312、314，1975、1976 年）。收入氏著《森正夫明清史論集》第三卷，汲古書院，2006 年。

③ 前揭《いわゆる〈郷紳的土地所有〉論をめぐって——大会予備報告に代えて——》。

理解，对此，森在这一点上找出了最为积极意义：在过去的"乡绅形态土地所有"论当中，"乡绅"是在地主式的土地所有之新形态这意义上被当作历史的范畴；而重田论述的特征是，藉由将其提升为「乡绅支配」从而脱离了基本生产关系即地主——佃户制这一理解，并试图以包含政治权力关系在内的观点来把握多元并存的生产关系。森对此批判道，正是因为进行了这样的界定，"乡绅"作为"政治社会范畴"，其成立的过程和契机未受描述，结果只见地丁银制的成立这一"由下而上的封建化"的说明。而更为重要的是，在认定科举官僚的免役特权造成了乡绅支配的情况下，其实还存在着程度上的差异；至少从宋代以来便已存在这些特权，那么将此理解为"政治社会的范畴"是否恰当便成问题。进言之，基于土地所有的支配和非基于土地所有之支配，重层地构成了"乡绅支配"的结构；但这么一来，重田所举其他时代之中间支配阶层（豪族、贵族、形势户）也同样有适用于这一结构的可能。就以重田所揭示的理论架构而言，要将"乡绅"理解为明末清初的固有现象有其困难。

　　森对于小山论述的批判也与此相同。小山从赋役制度改革实际证明了"乡绅式的土地所有"的形成过程，也论及了乡绅的政治、社会特征等；但其立论的宗旨在于，不稳定的小农经营在明末清初得以稳定，而在此基础上，国家的农民支配结构也产生了变化。过程中小山不仅考察明初小农经营的实际情况，还以极大的精力将其追溯至宋代；但从森的角度来看，包含小农经营再生产过程在内都不是安定状态的话，那么清代的小农经营与前代相比，究竟在多大程度上能够独立自主也就需要作进一步的证明。此外，虽然小山以免役特权为主轴，从科举制度看出其具有社会身份阶级化这一新机能，并视其为明末清初的一大变革；然而，科举制度的基本架构乃至于官僚机构、专制支配体制等大框架在此前后其实几乎没有变化。如何说明这和"封建制的确立"这一社会构造的划时代变化之关系,对森而言是很成疑问的。

森综此认为,重田与小山分别试图从领主制的成立与农奴制的成立来厘清封建制的形成过程,双方观点所结合的明末清初具体图像虽然都是乡绅,但与此同时,乡绅却也成为无法完全以领主制或农奴制来解释的对象;而这一概括讨论将与日后森的论点相关。

1980 年,森发表了可说是其日后地域社会论之序章的论文:《明代の郷紳——士大夫と地域社会との関連についての覚書——(明代的乡绅——关于士大夫与地域社会关系之备忘录)》。① 根据文末的附记,这篇原是为东方学会英文会报 *ACTA ASIATICA* 38 明代特集专号所撰写的论文,而当时编辑部的要求是须以"明代的乡绅"为主题;也因如此,主标题虽是"明代的乡绅",但实际的内容一如副标题与森自身在《序言》所述:

> 本稿所关注者,不只如右方〔乡绅〕般位于科举官僚体系最上层之存在,亦包含体系最下端之生员,和科举官僚体系之外的所谓处士——也就是原来被认为是具备儒教教养之智能与道德人格者——这一社会阶层的全体。若以最通俗的办法来称呼这一社会阶层为士大夫,那么揭示这一士大夫阶层与地域社会之关连,并挖掘其中有明一代的若干现象便是本文的实质内容。简言之,前近代中国特别是十世纪,作为宋代以后支配阶层的士大夫,其对地域社会所行使的知的、道德的领导权之应有形态,在笔者目前所关切的问题当中占了很高比例;本稿则是在此关心的基础上,针对明代士大夫所作的粗略素描。

---

① 《名古屋大学文学部研究論集》 77,史学 26,1980 年。收入《森正夫明清史論集》 第三卷。

　　森正夫统合了重田在生前所构思的乡绅"政治支配""文化支配""经济支配"三者，并接受重田认为应该把握社会结构之全体像的倡议，重新发现了"政治社会范畴"当中特别是"社会范畴"，不仅是因重田的急逝留下尚待研究的领域，同时宫崎市定于1954年所发表的《明代蘇松地方の士大夫と民衆（明代苏松地方之士大夫与民众）》（《史林》37-2）当中也有类似的问题意识。宫崎此文透过早先在《東洋的近世》所揭示的士大夫定义，并以士大夫和其地域关系为主题作讨论，当中指出了没有成为官僚的中下阶层之士大夫，即"市隐"群体透过"乡评"来面对地域社会的共通课题这一现象。这点在稍后不仅被酒井忠夫作为明末"士人"阶层的特征而提及，也被继承在田中正俊的民众运动论当中。由于1960年以后"乡绅论"强调的是乡绅作为地主的这一侧面，宫崎的观点对森而言似乎是新鲜的视角。森谈道，自己自重田"乡绅支配"习得从与地域社会之关连性这一视角来理解乡绅；自宫崎、酒井获得了以面对地域社会共通课题的志向为基准，来区分乡绅和士大夫阶层的启示。森推测，这些和民众苦难与共、一同面对地域社会诸课题的乡绅、士大夫阶层，较诸清代在明末更为明显的现象是，由于在清代国家为了灾害救助等挹注了大量的社会资本，作为支配阶层的乡绅可能因此而逐渐漠视地域社会的公共利害问题；继而暗示道，应从士大夫阶层以下找出对于公共利害问题较积极的群体的可能性。

　　在来年即1981年，被认为是提出了所谓"地域社会论"的研讨会"地域社会的视角——地域社会与其领导",[1] 其实就是上述问题意识下的产物。森在会议当中揭示了把握地域社会的各种类型，为了对抗学界

---

[1]　森正夫《中国前近代史研究における地域社会の視点——中国史シンポジウム　〈地域社会の視点——地域社会とリーダー〉　基調報告》，《名古屋大学文学部研究論集》　83，史学28，1982年。收入《森正夫明清史論集》　第三卷。

主流的"地主指导型地域社会论"，森另以"士大夫指导型地域社会论"来做区别。当中将"士大夫型"再二分为因士大夫的官僚身份而重视国家赋予之特权的立场，和依据儒教教养而重视士大夫之文化资质的立场；前者以周藤吉之和重田德为代表，后者以提出豪族共同体论的谷川道雄，[①] 以及在明代以后则以宫崎市定为代表，森自身则采取后者的立场。最后提出应该阐明如下问题：各时代士大夫的志向差异及其与地域社会统合有何关联、造成地域社会变化的历史契机究竟为何等。

尽管森所提出的这些问题在当时似乎未得到广泛的接受，然而在1990 年岸本美绪将其命名为"地域社会论"后不久便逐渐浸透学界，[②] 在 90 年代已成为明清史研究的一大主流。乡绅研究自身虽然仍为寺田隆信、和田正广、[③] 吴金成、[④] 山根幸夫[⑤]等人持续地研究着，然而在 90 年代，作为分析概念的"乡绅"已完全被"士大夫"一词所取代。寺田隆信的研究可说如实地呈现出这一研究的变迁：寺田长年从事所谓"乡绅"的相关研究，在 2009 年将这些研究整理编入题为《明代郷紳の研究（明代乡绅研究）》（京都大学学术出版会）一书中。寺田在《まえがき（前言）》从所谓的士大夫是见于《礼记》当中有别于庶人的阶级谈起，花了相当的篇幅来说明士大夫藉由

① 谷川道雄在 1980 年至 1982 年发起了"中国士大夫階級と地域社会との関係についての総合的研究"［科学研究費助成事業総合研究（A）］这一共同研究，森也于 1982 年加入此计划。

② 岸本美緒《モラル・エコノミー論と中国社会研究》（《思想》 792, 1990 年），收入氏著《清代中国の物価と経済変動》，研文出版，1997 年。

③ 和田正広《明末清初の郷紳用語に関する一考察》（《九州大学東洋史論集》 33-3, 1981 年）等一系列作品。

④ 吴金成著，山根幸夫、稲田英子译《明代紳士層の形成過程》（《明代史研究》 8、9, 1980、1981 年）等一系列作品。

⑤ 山根幸夫《河南省商城県の紳士層の存在形態》（《東洋史研究》 40-2, 1981 年）等一系列作品。

具备儒教教养而得以成为历代支配阶层的现象；接着谈到"作为本书主题的乡绅，便是与这些士大夫的系谱相关的人们""重新考察这一问题〔乡绅〕，即便在今日也不是没有意义的吧"。寺田从1957年以降便发表了大量的明清社会经济史的论著，此书收录了其70年代前半以乡绅为主题的作品，① 特别是1981年以《郷紳について（论乡绅）》（《文化》 45-1, 2）为题进行了乡绅论的整理，90年代以降则从文化史的侧面讨论"士人"的相关问题，② 这部分也收录于该书当中。寺田所论的核心虽然"并非作为一般论说，而是厘清其常态、具体之生活实情，以具体事例之研究为目标"，但这毋宁说正是继承了森在地域社会论所揭示的从政治、社会、文化等多面向建构出士大夫之全体面貌的方法。寺田研究的原点毫无疑问是在于构成经济支配之"乡绅"，但根据把握问题之视角的变化，可说其用语也从"乡绅"变成了"士大夫""士人"。

四、宋代史当中士大夫研究之受容

接下来，要观察明清史研究的变化与宋代史研究有何关连。在宋代史研究中，以地主—佃户关系为中心的土地生产研究，要较明清史来得早且深入，并成为战后至1960年代左右在时代区分论争中的主要研究对象。特别是周藤吉之与宫崎市定对佃户看法的对立成为论争的基调，之后则有如草野靖、柳田节子、梅原郁等人针对佃户制的种

---

① 寺田隆信《山西絳州馬氏の家産分割文書について》，《文化》 35-4，1972年；《陝西同州の馬氏——明清時代における郷紳の系譜》，《東洋史研究》 33-3，1974年。

② 寺田隆信《近世士人の読書について》，《新野直吉·諸戸立雄両教授退官記念歴史論集》，みしま書房，1991年；《士人の史的教養について——あるいは〈資治通鑑〉の流布について——》，《歴史》 82，1994年。等等。

种讨论。在当时，佃户的隶属主体或雇佣佃户的主体一般被称为"官户""形势户"，可以说尚未以士大夫的概念来作理解，小山以"形势户"来代表宋代支配阶层的理由也在于此。作为研究对象，"士大夫"在宋代史研究当中逐渐受到瞩目则是从 1970 年代后半期开始，青山定雄的研究可说是其契机之一。青山自 60 年代开始，便积累了许多关于宋代之官僚辈出家族的系谱研究，①1974 年发表的《北宋を中心とする士大夫の起家と生活倫理（士大夫的起家和生活伦理——以北宋为中心——）》（《東洋学報》57 - 1、2，1976 年），是其以"士大夫"为题的首篇研究论文。但是关于在这之前都以"官僚"一语来表现地域的知识人阶层，至此却改称为"士大夫"的理由，青山却未有特别的说明。尽管如此，不但青山在此后好用"士大夫"一词，师从青山的伊原弘也积极地称都市的知识人阶层为"士大夫"，从发表《宋代の浙西における都市士大夫（宋代江西的都市士大夫）》（《集刊東洋学》45，1981 年）一文后，更以"士大夫"为研究对象。如后文所述，青山的研究也对后述的韩明士（Robert P. Hymes）造成了影响，就结果而言甚至可以说为宋代史研究带来了方法论的转换。

约同一时期，以刘宰作为南宋型"乡绅"代表的研究，则有梅原郁节译自刘子健《劉宰小論—南宋一郷紳の軌跡（刘宰小论——南宋一乡绅的轨迹)》（《東洋史研究》 37 - 1，1978 年）一文。作者刘子健（James T. C. Liu）当时为普林斯顿大学教授，其过往的研究均意识到宋代政治史、思想史、社会史间的有机连结；在这篇论文当中认

① 《五代宋における福建の新興官僚について——特に系譜を中心として》（《中央大学文学部紀要》 24，1962 年）、《宋代における華北官僚の系譜について》1、2（《聖心女子人学論叢》 21、25，1963、1965 年）、《宋代における華北官僚の系譜について》 3（《中央大学文学部紀要》 45，1967 年）、《宋代における華南官僚の系譜について——特に揚子江下流域を中心として》（《中央大学文学部紀要》 72，1974 年）。

为"目前,各国学者的乡绅研究虽然都从清代追溯至明代,但是对于宋代的乡绅却尚未予以关注",因此文中的目的之一便是标举出"南宋型乡绅"这一新类型。然而,文中所举的明清乡绅研究仅止于宫崎市定的研究成果,[①] 其实并没有充分地认识到当时日本在明清史研究领域的丰富积累。这篇论文肯定了作为地域的指导阶层,在灾荒之际进行抚恤的刘宰,虽然文中并没有明确地说明,但几乎可以想象这应该是继承了瞿同祖以前近代中国地方自治之应有形态为研究课题的问题意识,[②] 并与 Robert Hartwell [③]及其后的韩明士有着共同的视角,是欧美宋代史研究当中正风行一时的"gentry"研究影响下的论著。论文节译的论文副标"乡绅"一语并未见于原文,[④] 这毫无疑问应是出自梅原想强调此点以作介绍的意图;但在这之后,从南宋时期找出"乡绅"的观点并没有在日本定型,依然停留在像是 1986 年寺地遵依据刘子健所揭示的类型,将陆游定义为"在地士人,所谓南宋型乡绅",并讨论越州鉴湖相关的政治过程而已。[⑤]

另一方面,1986 年韩明士所著《士大夫与绅士》在美国出版,[⑥] 书中强调了南北宋的差异而将北宋、南宋的知识菁英阶层分别区分为

① 宫崎市定《張溥とその時代》,《東洋史研究》33 – 3,1974 年。

② T'ung-tsu Ch'ü, *Local government in China under the Ch'ing*, New York, 1962.

③ Robert Hartwell, "Demographic, Political, and Social Transformations of China, 750 – 1550", *Harvard Journal of Asiatic Studies* Vol. 42, No. 2, 1982.

④ 原文作《劉宰和賑飢——申論南宋儒家的階級性限制社團發展——》,《北京大學學報》(哲學社會科學版) 1979 年 3 期和《劉宰和賑飢(續) ——申論南宋儒家的階級性限制社團發展——》,《北京大學學報》(哲學社會科學版) 1979 年 4 期,梅原的节译是首出者。

⑤ 寺地遵《湖田に対する南宋郷紳の抵抗姿勢——陸游と鑑湖の場合——》,《史学研究》173,1986 年。

⑥ Robert P. Hymes, *Statesmen and gentlemen: the elite of Fu-chou, Chiang-hsi, in northern and southern Sung*, New York, 1986.

士大夫官僚型（statesmen）和乡绅型（gentlemen，gentry），这不仅规范了 1990 年以后美国的宋代史研究，也大大地规范了日本的宋代史研究。韩明士揭示的所谓"两宋画期论"，不仅是强烈地意识到既有的唐宋变革论而欲促其再作思考的讨论，也可以说成为日本当时正值因明清史研究而被彰示的乡绅论、地域社会论，因而透过知识菁英阶层来重新把握自宋至明清时期社会变迁的一大转机。

1990 年代以后，日本的宋代史研究受到来自欧美以及明清史研究这两方面的影响，重新思考不仅是在经济范畴上，也是作为在政治、文化之存在的知识分子阶层，从而迎来了所谓"士大夫"研究的兴盛期。特别是"宋代史研究会"——尽管是以历史学科为中心，但也广泛地聚集了思想、文学、美术等学科当中的宋代研究者——更是强烈地接受了欧美的影响，而开展"士大夫"研究。在"宋代史研究会"不定期发刊的报告集里，第四集的标题便是《宋代の知识人——思想・制度・地域社会——（宋代的知识人——思想、制度、地域社会——）》（汲古书院，1993 年），这其实就是以政治、文化的知识菁英阶层为主题的作品。其后第五集《宋代の规范と习俗（宋代之规范与习俗）》（汲古书院，1995 年）的序文提到："参加者的主要关心在于……主导地域社会即所谓'士大夫'，其与社会结合的应有形态，……以这些知识人阶层为中心所形成的地域社会秩序・规范之事项"；即便没有勉强统一地使用"士大夫"一语，但是可以认为，关于"士大夫"这一用语的共同理解几乎已完全成立。到了第六集《宋代社会のネットワーク（宋代社会的网络）》（汲古书院，1998 年），占了作者人数一半以上的六位作者，[1] 用"士大夫"一词

---

① 平田茂树、远藤隆俊、久保田和男、冈元司、高津孝、市来津由彦（按论文排列顺序）。

作为指称特定集团、阶层的用语；而第七集《宋代人の認識——相互性と日常空間（宋代人的认识——相互性与日常空间）》（汲古书院，2001 年）的序文《相互性と日常空間——"地域"という起点から（相互性与日常空间——从"地域"这一起点谈起）》便在森正夫所提出的"地域社会论"和之后的批判等基础上，[①] 以"士大夫"的地域活动为焦点进行论述。

从本文的附表可知，2000 年以后依然有许多"士大夫"研究，可以说在这一时期将知识菁英阶层称为"士大夫"的做法已经一般化了。森正夫所揭示的论述经过了二十年左右的岁月，在地域社会论这一方法论的基础上，"士大夫"这一称呼在宋代至清代的研究领域当中已然定型。

结　语

以上藉由对战后研究史的梳理，回顾了"士大夫"研究成立史的过程。重要的是，和当前的学界现况不同，由于在战后很长的一段时间当中，"士大夫"一语作为分析概念并未定型的缘故，可说本来是宫崎市定用来取代门阀贵族阶层所提出的"士大夫"，也因森正夫的重新发现，时至今日终于定型。若理解学术史上之"士大夫"所提示者，那么这一词汇就不单单只是如宫崎所揭示的，只是意味着文化上的科举士大夫而已；而是需要加以思考如重田所构想出的，从多面向来考察贯通中国史上之中间支配阶层的含义。特别是当森参与了谷川的共同研究计划时，最初虽然是以宋以降的中国社会为研究对象，但从其共同研究的主题也能察觉，如同谷川重视其精神

---

① 执笔者为冈元司、胜山稔、小岛毅、须江隆、早坂俊广。

文化的一面，① 而将"贵族"也当成是"士大夫"的一种类型来进行考察的缘故，② 而使得这一共同研究深化了对于贯彻中国史之"士大夫"的理解。

若自今日再回顾森正夫以后的研究成果，可知士大夫研究已远较曩时更加深化，也提供吾人众多的知识与启发；但在另一方面，重田所构思关于中间支配阶层的通时性比较研究，时至今日依然留下不少尚待解决的课题。例如若是限于宋代以降，目前为止的士大夫研究因史料问题而大多集中于江南即中国地域的南半部是不争的事实；对于必须深化对华北地域的理解这一批评也有用心考索的必要。③ 此外，与动荡的北方社会相对而设定一稳定的南方社会这一框架其实也有其界限；因此接受北方社会研究者的提议和成果，再次解析通时性中间阶层的努力也是必须之事。

作为研究的重要目标之一，重田虽曾提出厘清中国到近代社会成立为止的固有发展过程的建议，但这在今日已不再是研究者所关心的课题。即便如此，为了理解包含现代中国在内的中国社会之复杂性，找出经历过时代变迁后的变与不变是不可或缺之事。如果在皇帝专制体制瓦解后还存在着不曾变化的社会特质，那么这可能还必须自中间支配阶层的原有形态来追寻。超越了事实、时代的所谓比较性视角，在当前正进行着各种反思，而目前所需者，可说是一种统合至目前为

---

① 可参考第 109 页注①。

② 可参考前揭《北朝貴族の生活倫理》。

③ 近年针对华北地域的"士人"研究受到了极大的关注并有不少研究成果：如饭山知保《金元時代の華北社会と科挙制度—もう一つの"士人層"》（早稲田大学出版部，2011 年）等。此外，目前虽然以"士人"取代"士大夫"的现象逐渐增加，这是因为中文一般不使用"士大夫"而惯用"士人"，以及史料上的"士大夫"多指官僚阶级的缘故。关于南宋后期"士大夫"和"士人"在史料上的用例分析，可参考高橋芳郎《宋代の士人身分について》，《史林》69 - 3，1986 年，后收入氏著《宋—清身分法の研究》，北海道大学出版会，2001 年。

止所积累的个别研究成果之研究吧。

【表】

时间（年）	A	B	C	时间（年）	A	B	C
1951	1	1	1	1975	0	0	0
1952	0	0	0	1976	1	1	1
1953	0	0	0	1977	0	0	0
1954	1	0	0	1978	1	0	0
1955	0	0	0	1979	0	0	0
1956	0	0	0	1980	2	1	0
1957	1	0	0	1981	2	2	1
1958	0	0	0	1982	0	0	0
1959	0	0	0	1983	1	1	0
1960	1	0	0	1984	3	3	1
1961	2	1	1	1985	1	1	0
1962	0	0	0	1986	1	1	1
1963	0	0	0	1987	1	0	0
1964	1	0	0	1988	3	1	0
1965	1	0	0	1989	0	0	0
1966	0	0	0	1990	2	1	0
1967	1	0	0	1991	1	1	0
1968	0	0	0	1992	1	0	0
1969	1	0	0	1993	1	0	0
1970	0	0	0	1994	2	1	1
1971	1	0	0	1995	3	2	2
1972	1	0	0	1996	5	5	2
1973	0	0	0	1997	0	0	0
1974	2	1	0	1998	0	0	0

续　表

时间（年）	A	B	C	时间（年）	A	B	C
1999	1	1	1	2010	2	2	0
2000	3	3	3	2011	2	2	1
2001	3	3	1	2012	3	3	2
2002	6	5	3	2013	1	1	1
2003	2	1	1	2014	6	5	3
2004	2	2	2	2015	3	1	1
2005	3	2	1	2016	10	8	5
2006	3	3	1	2017	5	5	4
2007	7	4	2	2018	1	0	0
2008	0	0	0	2019	1	0	0
2009	10	4	1				

时间（年）	A	B	C	时间（年）	A	B	C
1950 年代	3	1	1	1990 年代	16	11	6
1960 年代	7	1	1	2000 年代	39	27	15
1970 年代	6	2	1	2010 年代	34	27	17
1980 年代	14	10	3				

（本文作者为日本北海道大学文学部准教授
本文译者为日本东京大学大学院人文社会系研究科研究员）

汉晋时期的人物叙述与贵族：贤的记忆与叙述

永田拓治

前　言

　　中国自古以来就有关于个人的记录长期留存。这在世界历史上可以说也是相当特别的现象。特别是自《史记》以来，虽然多少有一些变化，但是在以某种统一形式书写个人记录这一点上，确实是极富中国特色的。那么在考察从古代到现代的中国时，对个人记录加以探讨应该是一种有效的手段。这种个人记录一般被称为"传"。

　　在这些长期连续编写的"传"中，本文将选取主要流行于汉晋时期的"传"作为考察对象。之所以如此，是因为这一时期开始编纂的"传"，并非被编入王朝史之中的"列传"，而是被称为"耆旧传""先贤传""家传""别传"等与王朝史无关的个人记录（以下称为"人物传"）。可以推测这一现象与当时的社会风潮有密切关系。也就是说，通过检讨相关的人物传，将有助于解明这一时期的历史特质。

　　关于"人物传"的流行，前辈学者已经有所关注。宫川尚志氏指出，"六朝史学是贵族史学"，"史学的存立掌握在贵族手中，贵族的关心之处在史书中多有反映。也就是说，为了宣传、夸示家门的名誉和高贵，谱学、家传之类作品多有写作。又传记、故事集（如《世说新语》）之类也有编述，记述作为家门血统组成部分的个人的品行"，认为负责史书编纂的是贵族，传记的编纂有修饰家门血统的作用。另外特别指出，"对于拥有显贵地位的个人及其所属家门极其关心。（中略）这表现在以耆旧传或某某别传的形式书写的作品，在这一场合的关心毋宁说在于个人所属家族，故制作家传和谱系之类不用说是与当时崇尚门阀的风潮相伴随的产物"，即"先贤传""耆旧传""家传""别传"这些人物传的编纂与其说是重视个人事迹，不如说重视的是个人背后的家门。①

就人物传研究整体而言，共通的倾向是将其渊源上溯至东汉末以乡里社会为中心流行的人物品评，②并认为在重视门阀的魏晋时期的社会中，人物传的编纂目的在于提高编者以及相关人士的社会地位。东汉后期以乡里社会为中心进行的人物品评（乡评），确实拥有政治性和社会性的规制力，对当时的社会有很大影响，也就是可以左右政治性和社会性地位的高下。前辈学者的这些意见值得重视。③

关于人物品评与人物传的关系，渡边义浩氏认为："九品中正制度实施后，人物传就变成了与作为制度根本的人物品评相关的作品，由此拥有了很大的政治影响力。"④人物品评确实是以在世人士为对象而施行的，那么认为这些意见在任官之际受到重视，具有较大的政治

---

① 参考宫川尚志《六朝时代の史学》（《东洋史研究》5-6，1940年）。又钱穆《略论魏晋南北朝学术文化与当时门第之关系》（《中国学术思想史论丛》，东大图书公司，1985年）、周一良《魏晋南北朝史学发展的特质》（《魏晋南北朝史论集》，北京大学出版社，1997年）等研究都指出了在人物传流行的背景中可以看到门阀社会的存在。

② 胡宝国《杂传与人物品评》，收入胡宝国《汉唐间史学的发展》，商务印书馆，2003年。

③ 参考东晋次《后汉时代の政治と社会》第五章《地方社会の变容と豪族》第三节《豪族社会の构造と选举》，名古屋大学出版会，1999年。

④ 渡邉義浩《"史"の自立—魏晋期における别伝の盛行を中心として—》，《史学杂志》112-4，2003年。

影响力，就是很自然的结论。然而，对于人物传而言，虽然也是以人物品评为基础而创作的，但其记述发生在被评价者殁后。那么这种人物传所能够发挥的提升社会地位的作用，到底是如何发生的？又究竟是对哪些人有利呢？这些都还颇有疑问。即使人物传是以人物品评为基础而编纂的，但同一素材的作品，并不一定具有相同的社会性目的。

此前的研究中，对于记录故人事迹的人物传在当时社会中如何发挥功能并实现社会性作用这一问题，实际上并未有明确认识，不明之处甚多。另外，所有的人物传都已经散佚，没有全本流传下来。和这样的史料性限制有关，在人物传的研究方法上，比较常采用的是在重视门阀的社会背景中考察人物传的编纂状况，而非基于各人物传的佚文推进研究。为揭示人物传的作用，有必要明确区分人物品评与人物传，在此基础上对人物传的编纂在当时社会中所承担的功能进行再检讨。进而也希望探讨在具有连续编写个人之传传统的中国史上，这一时期流行的人物传究竟应该如何定位。

一、关于门阀贵族的成立——与世袭性相关

那么，重视门阀的社会究竟是怎样的时代呢？被认为承担了这一社会核心功能的"贵族"，又是怎样的存在呢？

中村圭尔氏指出："贵族一词，一般理解上指的是特定的个人乃至于家族，在出生时即已经拥有高贵的门第和身份，以此为基础，排他性的占有政治性及社会性身份特权和优越地位。作为历史性实体，被称为贵族的，包括殷周时代氏族制社会中居于政治性、军事性支配地位的王族与功臣阶层，征服王朝中构成政权的支配民族出身者及部分被支配民族出身的高级官僚阶层。不过，更多时候还是一种特定指

称，对应的是具备了魏晋南北朝隋唐时代相关性格后出现的群体，在政治、社会、文化诸侧面都有显著活动，在史料中被记录为士、氏族、世族、衣冠等。"①

关于门阀贵族，已经有深厚的先行研究，观点也十分多样。要进行全面整理的话，在本文的篇幅内是很困难的。因此本文首先聚焦于门阀贵族成立以及成立初期的状况，尤其是关于门阀贵族成立的契机也就是贵族所产生的前提"世袭"，整理先行研究，由此明确本文讨论的方向性。

关于门阀贵族，内藤湖南曾指出，"这一时代中国的贵族，在制度上并非由天子赐予领土和人民，其门第自然产生于作为地方名望家而持久存在的关系中，所谓郡望的本体即在于此。这些贵族门第皆重系谱，因此当时系谱学相当兴盛"，② 认为门第作为地方名望家持久存在是门阀贵族产生的重要原因。

不过，内藤氏也同样说过，"这一时代中国的贵族，在制度上并非由天子赐予领土和人民，其门第自然产生于作为地方名望家而持久存在的关系中，当然这也基于原来几代都有官吏出现"，③ 认为门第作为地方名望家持久存在的契机在于连续几代的官吏辈出。

以上内藤湖南意见中所见的某种矛盾，如谷川道雄氏所敏锐指出的："问题在于如何理解当时的支配者阶层的性质。是因国家权力的存在才得以成立这一意义上的官僚性的呢？还是并不以国家权力的存

---

① 中村圭尔《テーマ15　豪族と貴族》，收入冈本隆司编《中国经济史》，名古屋大学出版会，2013年，第118页。

② 内藤湖南《概括的唐宋時代論》，《歷史と地理》9‐5，1922年。

③ 内藤湖南《支那近世史》，1947年，收入《内藤湖南全集10》，筑摩书房，1969年，第347—348页。

在为前提，自身就是支配者，只是其存在形态上带有官僚式性格的呢？"[1] 内藤氏的意见可以说包含了深刻的讨论，即门阀贵族成立的契机究竟在于王朝所赋予的官位官职，还是其出生地所在的乡里社会。[2]

关于以上两种见解，如中村圭尔氏所指出的那样，"一般来说，贵族的母体是前代地域社会中具有经济性、政治性基础、被习惯性称为地方豪族的群体，经历逐步发展，因某些契机，逐渐拥有了甚至凌驾于最高权力者皇帝的权力与权威"，"关于贵族能够如此成立的契机究竟是什么这一问题，有人认为是缘于皇帝所赋予的特权，有人则认为在于皇帝权力以外的某种东西，如作为贵族原初性存在场域的他们的出身地域。学界尚无统一见解"。[3] 也就是现在还没有得到明确的答案。

但是，在九品中正制的研究上，相反的两种见解均受到瞩目。关于这一制度本身，宫崎市定氏在其大著《九品官人法研究》[4] 中指出："如果说任子的精神在于父亲所获得的地位，可以某种形式传给儿子，那么九品官人法恐怕从成立之初开始就是根据这种任子的精神来运作的。换言之，九品官人法中仍然保存了汉代的任子制度。但汉制是以二千石以上为分界线，而九品官人法则如前述，将二千石以上细分为五品，主要以第三品以上官员之子为对象，而将第四品、第五品官员之子排除于任子范围之外。若任子反复发生，也就与贵族制度

---

① 参考谷川道雄《六朝贵族制社会の史的性格と律令体制への展开》，初出1966年，后收入谷川道雄《中国中世社会と共同体》，国书刊行会，1976年。

② 关于贵族制研究，详参中村圭尔《六朝贵族制论》，《战后日本の中国史论争》，河合文化研究所，1993年；安部聡一郎《清流・浊流と"名士"—贵族制成立过程の研究をめぐって》，《中国史学》14，2004年；川合安《日本の六朝贵族制研究》，《史朋》40，2007年。等等。

③ 中村圭尔《六朝贵族制论》，《战后日本の中国史论争》，河合文化研究所，1993年。

④ 宫崎市定《九品官人法の研究》，东洋史研究会，1956年。

全无差异了。从这一点来看，可以说九品官人法从一开始就内含了贵族化的危险。"并认为："魏代的九品官人法，尽管最初的立法旨趣是官僚性精神，即根据个人才德给予乡品，再根据乡品选拔官吏，但在实施的层面从一开始就有贵族性色彩。也就是说，高官的子弟不问才德如何，都可以获得乡品高品，并由此进入高官行列。"宫崎认为在九品官人法的精神中内含了汉代任子的精神，因此九品官人法的运作是贵族性的。

关于九品中正制，谷川道雄氏认为其成立的契机在于乡里社会。谷川氏指出："官品为乡品所决定这一事实，即使从中可以看到贵族的身份、地位一定程度上为王朝权力所赋予，但根本上应该认为是由其在乡党社会中的地位、权威所决定的，王朝不过是承认机关，即使这种承认具有很大作用。简单地说，贵族之所以能成为贵族，其本源不在于王朝内部，而应在其外侧。而所谓九品官人法，恰恰可以视为一种承认手续。"①

堀敏一氏将谷川氏的以上见解进一步加以明确化。堀氏指出，"因乡里制的崩溃，上层豪族逐渐掌握了乡论，乡论决定了乡品，官品的决定又是以乡品为基础的。这就是九品中正制度"，"乡里豪族的地位才是根本性的，决定了与此相应的政治地位。所谓贵族政治是作为其结果而成立的，因此对贵族来说虽然官位无疑非常重要，但其势力的根源还是在于乡里的地位"。②

相对于这种将门阀贵族成立的契机归结于乡里一方的见解，矢野主税氏更为明确地发展了宫崎市定氏所谓任子式运作的意见，认为门

---

① 谷川道雄《六朝貴族制社会の史的性格と律令体制への展開》，《社会経済史学》，1966 年。

② 堀敏一《九品中正制度の成立をめぐって——魏晋の貴族制社會にかんする一考察——》，《東洋文化研究所紀要》45，1968 年。

阀贵族成立的契机在于王朝的官职，门阀贵族应视为寄生官僚。矢野氏注意到东汉时期选举因任子而变得形式化，高级官僚层逐渐固化，认为这是"第一次门阀社会的成立"。并提出第一次门阀社会虽然因为东汉末的混乱而崩溃，但因为东汉时期第一次门阀社会的存在，本来应以个人才德登用人材的九品中正制急剧贵族化，魏晋门阀社会遂得以成立，他称之为"第二次门阀社会"。①

上文提到九品中正制的存在对世袭性是有保证的。不过川合安氏指出："在六朝贵族的场合，对以父亲官位为代表的家族传统的评价、本人的才学等若干要素结合起来，对特定的家族发挥了有利作用，结果出现了持续数代高官辈出的家系。对这些家族的评价也进一步提高，而这些评价在属于这些家系者任官之际，又变成了一种有利条件。但即使如此，因为这并非是任官的唯一条件，所以无法保障官职的世系独占。如父亲在进入官界之前就英年早逝，或者反过来父亲趁政变等机会获得了破格进入官界的机会等，可以看到由于各种具体事件，对家族的评价（家格）常有频繁升降。"关于九品中正制度与贵族制成立的关系，川合氏认为"九品官人法本身作为制度，并非能够保证地方名族阶层可以获得高位高官，由此产生世袭贵族"，而是"在曹魏王朝的中央官界，九品官制以任子式方式运作，结果形成了具有贵族制特质的官制，即中央官界的高官子弟可获得高级乡品，以有利的官职起家"。川合氏的结论是："（曹魏西晋的贵族）充分利用了凭借家族当时的权势（官界地位）可以使子弟获得有利起家官的制度，结果形成了'事实上的贵族'。"②

这里进一步的问题是，为何九品中正制可以被任子式地运作呢？

---

① 矢野主税《結語にかえて 後漢社会から魏晋社会へ—中正制を手掛かりとして》，氏著《門閥社会成立史》，1976年。
② 川合安《日本の六朝貴族制研究》，《史朋》40，2007年。

在九品中正制中，为了得到较高的乡品，就必须得到较高的乡论（人物评价）。若是如此，可以理解为父亲得到较高乡论，并从中正那里得到较高乡品，从而得到较高官位之后，儿子就以父亲的较高官位为保证，可以得到较高的乡论和乡品。这与宫崎市定氏所说的九品中正制度内含了任子性精神的理解是相关的。不过，中村圭尔氏的如下意见极为重要："被作为问题的只是世袭性的'程度'，但使这种世袭性成为可能并加以保证的东西是什么呢？换言之，对 世袭性本质 的讨论并未成为问题。"[1] 为何如果父亲的官职较高，任子式运作就会成为可能呢？对这一本质性问题仍有进一步讨论的必要。本文下面的讨论并非是对这一世袭性相关制度性侧面的考察，目的在于揭示认可这一世袭制的社会意识。

二、从"贤"到"先贤"

在世袭性研究方面前辈学者有重要意见。谷川道雄氏曾将前引内藤湖南的看法"这一时代中国的贵族，在制度上并非由天子赐予领土和人民，其门第自然产生于作为地方名望家而持久存在的关系中，当然这也基于原来几代都有官吏出现"进行总结，指出"官僚原本是根据个人能力而得到任用的，因此有能力的个人不断积累功业，进而使其家族成为地方名望家，直至占据贵族的地位。如此看来，家系的本源乃是个人，其后一旦上升为家系，就又限定了从属其下的个人的地位"。[2] 据

---

① 中村圭爾《六朝貴族制論》，《戦後日本の中国史論争》，河合文化研究所，1993年。

② 谷川道雄《"中国中世"再考》，《中國中世史研究 続編》，京都大学学术出版会，1995年。谷川氏在文中又指出："进一步来看个人与家系的相互关系，可以认为个人是作为家系成员的个人，而家系的基础在于个人具有个性的人格。"

谷川氏所言，个人功业若要形成"家"，"有能力的个人不断积累功业"就是必要的。但是，这里的"不断积累"到底是指的什么呢？也就是说，指的是一个人持续不断地积累许多功业，还是指代代辈出具有能力的个人，从而一代代地积累功业？

如果指的是后者，那么经过地方名望家而上升到贵族地位就不能说是很容易的。另外，如果认为具有能力的个人通过积累功业获得了高位高官，其后又为子孙所继承，从而产生了地方名望家和贵族，那么就又会再次回到之前的问题：贵族的起源到底是王朝所赋予的官职，还是在于乡里社会的声望？

下面本文将从谷川氏的意见入手，将"具有能力的个人"置换为"贤"，揭示"具有能力的个人积累功业"升华为贵族之"家"的过程。之所以将"具有能力的个人"置换为"贤"，是因为西汉以来存在重视"贤"者的国家政策。①

不过，"贤"本来只限于一代，"贤"本身并不能成为走向贵族的直接原因。这里值得注意的是，特别是到东汉时期变得显著起来的当政者对故人的表彰。关于这一问题，角谷常子氏指出，国家对于所希求吏民的样态明确肯定并加以奖励，当然显示了对具有能力的人才的需求以及作为表彰主体的皇帝与地方长官的权威。若被表彰者已经去世，会给予其子孙官爵。若无子孙，就搜寻后代并让其继续祭祀。说

---

① 以何为"贤"因时代不同而有变化，这是当然的事情。不过本文没有篇幅讨论"贤"的变迁。关于从战国末期到西汉的变迁，参考江村春树《"贤"の观念より见たる西汉官僚の一性格》，《东洋史研究》34 - 2，1975 年。据江村氏，在西汉高祖的治世出现了"贤"的制度化的萌芽。武帝时期通过将"求贤"制度化，大体完成了贤者政治。这种贤者政治加入了强烈的儒家色彩，以基于乡里评价为原则。不过这里的贤者政治并不单单只是任用制度，而是如江村氏指出的那样，"'贤'是一个表示人格上的价值的词语。但这一词语表示的也不单单只是抽象价值，而是植根于非常具体的现实的价值。……'贤'因为十分具体，这种评价发挥的作用也就更为普遍广泛"，在乡里社会也有很大影响力。

明即使现在家道已经中落，但若祖先有功绩，就还有可能在政治状况的变化中被起用。①

关于这一问题，《后汉书》卷六四《卢植传》载：

> 建安中，曹操北讨柳城。过涿郡，告守令曰："故北中郎将卢植，名著海内，学为儒宗，士之楷模，国之桢干也。昔武王入殷，封商容之闾，郑丧子产，仲尼陨涕。孤到此州，嘉其余风。春秋之义，贤者之后，宜有殊礼。丞遣丞掾除其坟墓，存其子孙，并致薄酹，以彰厥德。"

曹操清扫了涿郡贤人卢植之墓，并慰问其子孙，致以供酒。这里值得注意的是曹操所谓"春秋之义，贤者之后，宜有殊礼"这一认识。同传李贤注引《公羊传》昭公二十年曰："君子之善善也长，恶恶也短。恶恶止其身，善善及子孙。贤者子孙，故君子为之讳也。"即贤者善行将及于子孙，也就是个人之贤也会及于子孙。另外，《三国志》卷二二《魏书·卢毓传》裴注引《续汉书》曰"春秋之义，贤者之后，有异于人"，正说明贤者的子孙是特别的。

东汉以来，以乡里社会的人们为主体，许多私庙、私祠建立起来，这一现象可以说明乡里社会对先贤的重视。也显示了乡里社会的人们以其故人作为优秀人士即先贤的标准所在。试看数例。《后汉书》卷三〇《杨厚传》载：

> 杨厚字仲桓，广汉新都人也。……修黄老，教授门生，上名

---

① 角谷常子《後漢時代における為政者による顕彰》，《奈良史学》26，2008 年。

录者三千余人。太尉李固数荐言之。本初元年（146），梁太后诏备古礼以聘厚，遂辞疾不就。建和三年（149），太后复诏征之，经四年不至。年八十二，卒于家。策书吊祭。乡人谥曰文父。门人为立庙，郡文学掾史春秋飨射常祠之。

即广汉郡出身的杨厚死后，乡里的人们给予他文父的谥号，门人为他建立庙宇。可见即使是无官之士，也可以成为立庙的对象。由郡文学掾史在飨射之际祭祀杨厚，也说明杨厚庙的祭祀已经被纳入地方统治的一环。又《三国志》卷一五《魏书·贾逵传》载：

薨，谥曰肃侯。子（贾）充嗣。豫州吏民追思之，为刻石立祠。青龙中，帝东征，乘辇入逵祠，诏曰："昨过项，见贾逵碑像，念之怆然。古人有言，患名之不立，不患年之不长。逵存有忠勋，没而见思，可谓死而不朽者矣。其布告天下，以劝将来。"

即贾逵死后，豫州吏民为贾逵"刻石立祠"。而这里值得注意的是，其后明帝在青龙年间东征之际，拜访了吏民所建的贾逵之祠，观看贾逵之碑与石像，并对贾逵进行了表彰，向天下布告他的事绩，以鼓励后人向他学习。又同传裴松之注引《魏略》曰：

甘露二年，车驾东征，屯项，复入逵祠下。诏曰："（贾）逵没有遗爱，历世见祠。追闻风烈，朕甚嘉之。昔先帝东征，亦幸于此，亲发德音，襃扬逵美，徘徊之心，益有慨然。夫礼贤之义，或扫其坟墓，或修其门闾，所以崇敬也。其扫除祠堂，有穿漏者补治之。

即高贵乡公在甘露二年（257）东征之际曾停留于贾逵之祠，清扫墓地，并命令加以修缮。可见王朝也追认了乡里吏民所优崇的先人贾逵。

那么，在乡里社会作为被优崇的先人而立庙、立祠的人士，是否都会受到王朝的追认呢？关于这一问题，《三国志》卷三五《蜀书·诸葛亮传》裴松之注引《襄阳记》曰：

> （诸葛）亮初亡，所在各求为立庙，朝议以礼秩不听，百姓遂因时节私祭之于道陌上。言事者或以为可听立庙于成都者，后主不从。步兵校尉习隆、中书郎向充等共上表曰："臣闻周人怀召伯之德，甘棠为之不伐，越王思范蠡之功，铸金以存其像。自汉兴以来，小善小德而图形立庙者多矣。况亮德范遐迩，勋盖季世，王室之不坏，实斯人是赖，而蒸尝止于私门，庙像阙而莫立，使百姓巷祭，戎夷野祀，非所以存德念功，述追在昔者也。今若尽顺民心，则渎而无典，建之京师，又偪宗庙，此圣怀所以惟疑也。臣愚以为宜因近其墓，立之于沔阳，使所亲属以时赐祭。凡其臣故吏欲奉祠者，皆限至庙。断其私祀，以崇正礼。于是始从之。

即对蜀国立下绝大功绩的诸葛亮殁后（234），各地都请求祭祀诸葛亮，但因不合礼制而未被许可，不能得到王朝的追认。据《三国志》卷三五《蜀书·诸葛亮传》，"景耀六年春，诏为亮立庙于沔阳"。也就是说要到诸葛亮殁后约三十年的景耀六年（263）春，为其立庙之事才终于得到了认可。这说明在乡里社会被优崇的人士并不一定能立刻得到王朝的追认（诸葛亮的事例与出身乡里社会者当然有差别，不过在考察当时乡里社会的先贤与王朝的关系方面还是很有启发的）。

另外，由此史料可以知道，东汉以来为先人画像和立私庙蔚为风潮，即使他们只有微小善德。当时蜀地的百姓按季节进行私人祭祀，这种民众自发的私人祭祀不免产生了混乱。为了防止这种混乱，显然有必要建立王朝所主导的祠庙，并崇高礼制。可见王朝的意图在于一方面尊重民众的私庙，同时加强对私庙的管理。《三国志》卷一《魏书·武帝纪》裴松之注引《魏书》曰：

> 初，城阳景王刘章以有功于汉，故其国为立祠，青州诸郡转相仿效，济南尤盛，至六百余祠。贾人或假二千石舆服导从作倡乐，奢侈日甚，民坐贫穷，历世长吏无敢禁绝者。太祖到，皆毁坏祠屋，止绝官吏民不得祠祀。及至秉政，遂除奸邪鬼神之事，世之淫祀由此遂绝。

即曹操在做济南相时，毁坏了在当时乡里社会具有影响力的西汉功臣刘章的祠庙，并禁止祭祀。在掌握政权后进一步对各地淫祠加以根绝。

由以上事例可知，当时王朝认为无规则的乱立私祠、私庙会给民众带来混乱，有碍地方统治的施行。私祠、私庙的乱立会成为蛊惑民众的温床。为了防止这种现象的发生，政权一方就必须对先贤进行把握。

那么，应该被禁止的淫祠与王朝认可的祠庙之间，究竟区别在哪里呢？关于这一问题，《太平御览》卷二六《时序部·冬上》引《汝南先贤传》曰：

> 周举为并州刺史。太原一郡旧俗，以介子推焚骨，有龙忌之禁，至其亡月，咸言神灵不乐举火，由是土人每至冬中，辄一月

> 寒食，莫敢烟爨，老少不堪，岁多死者。举既到，乃作吊书以置
> 子推之庙，言盛冬止火，残损人命，非贤者之意，以宣示愚民，
> 使还温食。于是众惑稍解，风俗颇革。①

当时太原一郡流行寒食之俗，即在介子推的亡月，百姓一个月内都不吃加热过的食物。汝南郡出身的周举在做并州刺史时，禁止了这种损害民众利益的旧俗，并纾解了民众的困惑，改变了当地风俗。可见王朝所禁止的淫祠是损害到民众利益的祠庙。另外，从这里周举将介子推评为"贤者"可知，被禁止的旧俗并非针对介子推本人，而是以介子推庙为中心的迷信风气。值得重视的是，即使是贤者之庙，也可能成为所谓淫祠的温床。如前引《三国志》卷三五《蜀书·诸葛亮传》裴松之注引《襄阳记》所见，东汉以来形成了即使只有细微善德也会为其建立祠庙的风气，可以想象当时各地建立了许多伴随着迷信风气并成为淫祠温床的祠庙。当然，如前引曹操、周举之例所示，对于王朝来说，此种事态不容忽略。

但是，如前引《三国志》卷一五《魏书·贾逵传》所见，对于豫州吏民所建祠庙，明帝予以了表彰。可知并非所有祠庙都成为取缔的对象。首先应该会对成为祠庙建立对象的先人进行把握，也就是严格区分是否是值得表彰的人物。

下面就从三国时期曹魏的事例出发，考察王朝进行的先贤认定工作，以及意在确立其判断标准的相关动向。东晋陶潜撰《圣贤群辅录》② 所引《文帝令》及《甄表状》（以下引用《群辅录》时即指《文帝令》和《甄表状》）载："魏文帝初为丞相、魏王，所旌表二十

---

① 《后汉书》卷六一《周举传》记载与此基本一致。

② 本稿所用版本，为台湾图书馆所藏明刊本《五朝小说·魏晋小说》所收的《圣贤群辅录》。

四贤。后明帝乃撰述其状。"据此，魏文帝曾经表彰记录了二十四贤，①魏明帝则记录了对这二十四贤所定的状。这里被选定的所谓"二十四贤"，指的是杜乔、张奂、向栩、陈蕃、施延、李膺、朱寓、杜密、韩融、荀爽、房植、姜肱、陈球、王畅、申屠蟠、张俭、郑玄、冉璆、李固、郭泰、朱穆、魏朗、徐稚和皇甫规诸人。其中既可以看到在党锢之禁中被杀的陈蕃、杜密、李膺和不得不逃亡的张俭等被视为党人者，也有姜肱、申屠蟠、郑玄和徐稚这样远离政治世界的人士，还有张奂、皇甫规这样担任度辽将军尽力对付羌人、匈奴的人士，以及在黄巾之乱时被宦官所杀的向栩等。均为活跃于东汉桓帝（在位146—167年）、灵帝（在位167—189年）和献帝（在位189—220年）时期的人士，距离魏文帝（在位220—226年）的选定二十四贤隔了两三代（父、祖父）。文帝所选定的二十四贤又为明帝所接受，并授予了状。据《圣贤群辅录》所引，二十四贤中朱寓的状如下所示：

> 司隶沛国朱寓字季陵。一名诩。右一人，访其中正，无识知行状者。告本郡，访问耆老识寓云："桓帝时遭难，无后。"

可知关于东汉时期的人物朱寓，中正向耆老寻访他的事迹方才得到信息，对于故人之状的作成，郡中正也有参与，并利用了乡里的信息。魏明帝另外尚有名为《海内先贤传》的著作。比较汝南郡中正周斐编纂的《汝南先贤传》和明帝完成的《海内先贤传》，可以认为明帝在

---

① 《史通·古今正史第二》载："魏黄初中，唯著先贤表，故《汉记》残缺，至晋无成。"提示黄初年间曾编著《先贤表》以作为《汉记》的一部分，但不得其详。

完成后者之际应该利用了各郡中正所收集的信息。① 此前在各郡国创作了"耆旧传""先贤传",并按各郡国选定了先贤。在使这些先贤得到曹魏王朝的正式承认这一点上,由文帝、明帝所实施的一系列的先贤认定工作可以说是非常重要的。② 正是这一工作表明了对于曹魏王朝来说理想的先贤形象,并成为以后先贤的标准。

另外,《三国志》卷四《三少帝纪》裴注引《魏名臣奏》曰:

> 励俗宣化,莫先于表善。班禄叙爵,莫美于显能。是以楚人思子文之治,复命其胤。汉室嘉江公之德,用显其世。伏见故汉大司农北海郑玄,当时之学,名冠华夏,为世儒宗。文皇帝旌录先贤,拜玄嫡孙小同以为郎中,长假在家。

这里对二十四贤之一的郑玄进行了记录表彰,并任其孙郑小同为郎中,给予他长假的待遇。可见二十四贤的认定不仅是先贤自身,其子孙也得到了优遇。此事对于乡里社会应该也产生了不少影响。东汉时期"耆旧传"编纂还是主流,到三国曹魏时期就变成了"先贤传",原因或在于此。③ 也就是说,在当时的乡里社会中,是因为王朝对先贤的认定而开始了"先贤传"的编纂。能够说明这一点的史料,可以举出《汝南先贤传》。在周斐的《汝南先贤传》中,与周斐同为汝南郡安城周氏诸人〔周嘉、周畅、周业、周盘(磐)、周燮、周乘〕多

---

① 永田拓治《〈汝南先贤传〉の编纂》,《立命馆文学》619,2010年。

② 对于曹魏王朝而言,二十四贤的选定是极为重要的政策。详参徐冲《"二十四贤"与曹魏王朝的隐逸书写》,收入徐冲《中古时代的历史书写与皇帝权力起源》,上海古籍出版社,2012年。

③ 东汉时期可以确认的十三种传中,冠以先贤之称的仅有《庐江先贤赞》《鲁国先贤赞》两种,其余都是"耆旧传"。与此相对,东汉以后,三国时期十一种传中四种为"耆旧传",两晋时期十种传中三种为"耆旧传","先贤传"成为主流。

有立传。这种对于汝南郡安城周氏先贤辈出的记载，可以理解为周斐主张自己与先贤之间联系的一种手段。①

不过，若想成为王朝承认的先贤，大概必须向王朝进行报告。如晁载之《续谈助》卷四引殷芸《小说·许劭别传》所云："汝南中正周裴表称，'许劭高节遗风，与郭林宗、李元礼、卢子幹、陈仲弓齐名'。"即《汝南先贤传》的编者周斐在做汝南郡中正时，表彰了汝南郡出身的先人许劭，给予其"高节遗风"的状，并上表称其与郭林宗、李元礼、卢子幹、陈仲弓等人齐名。这与前引二十四贤朱寓的状情况相同，都是通过郡中正将故人之状报告给中央。又《宋书》卷一四《礼志一》载："魏国初建，事多兼阙。故黄初三年，始奉璧朝贺。何承天云，魏元会仪无存者。"虽然详细不明，但可知曹魏王朝也曾经举行元会仪礼。如上所见，元会仪礼上有各郡国的上计报告，先贤的信息应该也是在这一场合报告给朝廷的。

关于郡中正所收集的信息和各郡国编纂的"耆旧传""先贤传"都会上交至朝廷，还能看到如下史料。《华阳国志》卷一一《后贤志·陈寿传》载：

> 大同后，察孝廉。为本郡中正。益部自建武后，蜀郡郑伯邑、太尉赵彦信及汉中陈申伯、祝元灵、广汉王文表，皆以博学洽闻，作《巴蜀耆旧传》。寿以为不足经远，乃并巴、汉撰为《益部耆旧传》十篇。散骑常侍文立表呈其传，武帝善之。（再）为著作郎。

可知西晋天下统一之后，陈寿做了郡中正，编纂《益部耆旧传》。其

---

① 永田拓治《〈汝南先賢伝〉の編纂》，《立命館文学》619，2010 年。

后因散骑常侍文立的上表，《益部耆旧传》被交到了武帝的手中。这说明对于各郡国所编纂的"耆旧传""先贤传"的存在，皇帝是有所把握的。另外，陈寿因为此事而被任为掌管史书编纂的著作郎，也说明"耆旧传""先贤传"的编纂并不单单只是为了在乡里社会炫耀。

由以上考察可以明了，王朝在进行先贤认定时，利用了各郡中正所作成的故人之状，还有当时各郡国纷纷编纂的"耆旧传""先贤传"。其后，在王朝对先贤的把握和管理方面，西晋时期发生了划时代的变化。《晋书》卷二六《食货志》载：

> 其官品第一至于第九，各以贵贱占田。第一者占五十顷，第二品四十五顷，第三品四十顷，第四品三十五顷，第五品三十顷，第六品二十五顷，第七品二十顷，第八品十五顷，第九品十顷。而又各以品之高卑荫其亲属，多者及九族，少者三世。宗室、国宾、先贤之后及士人子孙亦如之。

这一史料规定了按照官品占田的额度（拥有土地的最高额）。其中又因官品高下设定了可以恩荫亲族的等级。这一特权待遇的范围也包括宗室、国宾与先贤子孙。这是王朝对先贤子孙特权性身份的正式认可，其意义值得重视。

另外，在这里重要的是所谓"先贤之后"。中嶋敏编，西嶋定生译注《晋书食货志译注》认为，这里所见的"先贤之后"，指"古圣贤的子孙，即孔子的子孙等"。[①] 但是，以当时的先贤传为代表，在当时的史书中并不能确认以先贤指代孔子的事例，试举东晋时的一

---

① 中嶋敏编，西嶋定生译注《晋书货志訳註》，《東洋文庫》，2007年，第185页，注606。

例。《晋书》卷九二《袁宏传》载：

> 后为《东征赋》，赋末列称过江诸名德，而独不载桓彝。时伏滔先在温府，又与宏善，苦谏之。宏笑而不答。温知之甚忿，而惮宏一时文宗，不欲令人显问。后游青山饮归，命宏同载，众为之惧。行数里，问宏云："闻君作《东征赋》，多称先贤，何故不及家君？"

袁宏在《东征赋》中列举了东晋以后的著名人士，但未载当时的当权者桓温的父亲桓彝，引起了桓温的嫉恨。这里桓温把与父亲同时代的诸人士称为"先贤"。因此，本文认为《晋书·食货志》所见的先贤应该也指的是距离当时用例并不遥远的时代的贤人。

以上考察说明，王朝尊重在乡里社会得到重视的各郡国先贤。地方官赴任之后，很快就祭祀先贤之墓，优遇先贤子孙。同时，为了防止乡里乱立私庙、私祠给民众带来混乱，从地方统治的要求出发，王朝也有意对各郡国先贤进行把握和管理。这意味着在王朝对先贤进行把握和管理的同时，先贤子孙也获得了特权性身份。其中对先贤的认定和对先贤子孙的优遇措施都是从三国曹魏时期开始确定的。

另外，作为其社会背景，贤者的子孙异于常人的认识，以及贤者的子孙有理由得到优待这一事实，在思考当时社会的性质时是非常重要的。也就是说，"先贤"一语所指的并不仅限于一代之"贤"，而是暗示了可以传承后代的意思。

三、从先贤到先贤之家——从个体到家族

由前节的考察可知，本来仅限于个人一代的"贤"，转变为可以

被子孙继承的"先贤","贤"由此被世袭化了。那么,"贤"是如何被世袭化的呢? 如前所见,这里至关重要的是,要认定先贤,就必须存在卓越故人的事迹。这种事迹的有无就是判断是否可为先贤的材料。如此,对这种卓越故人的事迹加以记述的,就是当时流行的"先贤传"的编纂。上文提到的明帝选定二十四贤并撰述其状等系列措施,可以说对这种趋势的形成起到了决定作用。

关于这种"贤"的世袭,即先贤的子孙当时受到了怎样的优遇措施,下面将就此加以分析。

对先贤子孙进行优待的具体事例,《后汉书》卷三二《阴识传附弟兴传》引永平元年 (58) 明帝之诏曰:

> 故侍中卫尉关内侯兴,(中略)辅导朕躬,有周昌之直,在家仁孝,有曾、闵之行。不幸早卒,朕甚伤之。贤者子孙,宜加优异。其以汝南之鲖阳封兴子庆为鲖阳侯,庆弟博为谷强侯。

即对贤者子孙可加以特别待遇,所以阴兴的长子庆被封为鲖阳侯,次子博被封为谷强侯。

以故人"贤者"的存在为前提,这种贤者子孙受爵的事实极为重要。下面就以爵的继承为线索,对"贤"与爵的继承的关系加以分析。因颍川荀氏爵的继承相对明了,故以其为考察对象。

荀氏从东汉末到东晋时期受封爵者,包括万岁亭侯(荀彧)、陵树亭侯(荀攸)、列侯(荀衍)、临淮公(荀顗)、济北侯(荀勖)、南顿子(荀恺)、亭侯(名不详,荀勖之子)、颍阳亭侯(荀顗)、西华公(荀藩)、临颍公(荀组)、射阳公(荀闿)。留存至今的《荀氏家传》中,同时记载姓名与事迹者,则为荀彧、荀攸、荀顗、荀勖、荀恺、荀藩、荀闿七名。

以下考察荀彧、荀攸、荀顗的爵位继承。荀彧与晚年曹操的关系不算太好，后没于建安十八年（213）。[①]《三国志》卷一〇《魏书·荀彧传》载：

> 子恽，嗣侯，官至虎贲中郎将。初，文帝与平原侯植并有拟论，文帝曲礼事彧。及彧卒，恽又与植善，而与夏侯尚不穆。文帝深恨恽。恽早卒，子甝、霬，以外甥故，犹宠待。

荀彧长子恽，在文帝与曹植争夺继承者之际与曹植关系深厚，招致文帝嫉恨。不过同传又载：

> 恽子甝，嗣为散骑常侍，进爵广阳乡侯，年三十薨。子頵嗣。霬官至中领军，薨，谥曰贞侯，追赠骠骑将军。子恺嗣。霬妻，司马景王、文王之妹也，二王皆与亲善。咸熙中，开建五等，霬以著勋前朝，改封恺南顿子。

荀彧的爵位先为其长子恽继承，又为恽长子甝继承。甝后进爵为广阳乡侯，没后为其长子頵继承。恽弟霬则娶了司马师、司马昭的妹妹，其子恺在咸熙中因霬对曹魏王朝的功勋而被赐爵。其后，据《三国志》卷一〇《魏书·荀彧传附孙甝传》裴注引《荀氏家传》，"頵字温伯，为羽林右监，早卒。頵子崧，字景猷"，荀頵早亡，有子崧。据《晋书》卷七五《荀崧传》，"荀崧字景猷，颍川临颍人，魏太尉彧之

---

① 关于荀彧的结局，详参丹羽兑子《荀彧の生涯——清流士人夫の生き方をめぐって——》，《名古屋大学文学部二十周年记念論集》，1968年；美川修一《〈三国志〉——荀彧の死——》，收入《中国正史の基礎的研究》，早稻田大学出版部，1984年。

玄孙也。父頠，羽林右监，安陵乡侯"，可知荀頠为安陵乡侯。

《晋书》卷七五《荀崧传》又载："龆龀时，族曾祖頠见而奇之，以为必兴頠门。"年尚幼小的荀崧，引起了作为当时荀氏中心性存在的荀頠的注意，期待他能够振兴荀頠一门。虽然爵位继承的详情并不明了，但同传又载"泰始中，诏以崧代兄袭父爵"，即泰始年间（265—274 年）通过诏敕使得荀崧代其兄继承了父亲荀頠的爵位。

关于荀彧的从子荀攸，《荀氏家传》中有如下三条佚文：

> Ⅰ 攸字公达，为军师，军国选举及刑狱法制，皆使君掌焉。（《北堂书钞》卷六三《设官部》"都护"条）
> Ⅱ 魏文帝在东宫，荀公达曾疾，天子问病，独拜床下。（《北堂书钞》卷八五《礼仪部》"拜揖"条）
> Ⅱ 魏文帝在东宫，武帝谓曰："荀公为人之师表也，汝当尽礼敬之。"荀曾病，世子问疾，拜床下。（《太平御览》卷五四二《礼仪部》"拜"条）

可知荀攸曾经受到曹操和曹丕的特别敬意。又《三国志》卷一〇《魏书·荀攸传》也记载：

> 长子缉，有攸风，早没。次子适嗣，无子，绝。黄初中，绍封攸孙彪为陵树亭侯，邑三百户，后转封丘阳亭侯。

即荀攸长子缉早逝。荀攸死后（建安十九年去世，年 58 岁），荀攸之家为次子适继承，但又无子，以致绝后。文帝曹丕在黄初年间（220—226 年）又让荀攸之孙彪袭爵，可知情况与荀彧之家有所不同。不过，西晋傅玄所编《傅子》记载（《三国志》卷一〇《魏书·

苟攸传》裴注引）：

> 或问近世大贤君子，答曰："荀令君之仁，荀军师之智，斯可谓近世大贤君子矣。荀令君仁以立德，明以举贤，行无谄黩，谋能应机。孟轲称'五百年而有王者兴，其间必有命世者'，其荀令君乎？太祖称'荀令君之进善，不进不休。荀军师之去恶，不去不止'也。"

可知即使在西晋时期，荀彧（荀令君）和荀攸（荀军师）仍被认为是杰出的君子。尤其引用了孟子之语来形容荀彧，认为他是五百年一见的辅助王者治政的优秀人物，给予他极高的评价。

关于荀彧第六子荀顗，《晋书》卷三九《荀顗传》载：

> 顗无子，以从孙徽嗣。中兴初，以顗兄玄孙序为顗后，封临淮公。序卒，又绝。孝武帝又封序子恒继顗后。恒卒，子龙符嗣。宋受禅，国除。

荀顗死后，因其无子，由从孙徽为嗣。其后到东晋时期，又由顗兄之玄孙序继承顗爵临淮公。在此可以确认，荀顗的爵位是通过"为顗后""继顗后"方得以传承下去的。在无子的场合，从孙和兄之玄孙都可以继承其后。

另外，爵是赐予有优异事迹的个人，并以最初被赐予的个人为核心而传承下去。在荀氏这里，荀彧、荀攸、荀顗就相当于这样的人士。

关于成为这种继承中心的人士，也就是作为继承核心的"贤者"的存在，《三国志》卷一〇《魏书·荀攸传》裴注引《荀氏家传》曰：

> 衍字休若，或第三兄。或第四兄谌，字友若。（中略）仲豫
> 名悦，郎陵长俭之少子，或从父兄也。

可知荀衍、荀谌为荀彧之兄，荀悦为荀彧从父兄。[①] 一般正史列传是以与祖父、父的关系为轴心构成的。但是，《荀氏家传》中的荀衍、荀谌、荀悦却是以他们与弟、从弟的荀彧的关系为轴心记述的。这也可以说明《荀氏家传》的中心是荀彧。

关于《荀氏家传》记述范围并不仅限于荀彧的直系，笔者曾在别稿中指出："以荀彧为中心的《荀彧家传》，最后可以说变成了将荀彧以外的系统也包括在内的庞大的《荀氏家传》。原因在于荀氏伴随时代变化，优异人士辈出，同时曹操以降，爵位继承的范围也扩大了。在没有嫡子的场合，中子、庶子、从子（兄弟之子）、从孙（兄弟之孙）、族子（同族兄弟之子）等近亲者都变得有可能继承爵位。"[②]

如荀颢的爵位继承所见，作为家族中心的先人之爵，即使不是直系也可以被继承。这与《荀氏家传》的记述不仅限于直系关系的现象是相互关联的。

不过，爵的例子只是贤者事迹成为基础、其子孙蒙受恩惠的事例之一。本文希望揭示的事情，并非世袭的构造如何，而是认可这种世袭的社会意识的样态。

最后想再以荀氏为例，考察一下对个体（故人事迹）的记述是如何与家族相关联的。可以看到，以记述荀彧事迹为开端，这一记述（《荀彧家传》）后来不断增加立传者，变形成了《荀氏家传》。这种连续书写优异先人事迹的工作，可以说促成了从个人事迹到家族的自

---

① 据《三国志》卷一〇《荀彧传》，荀谌为荀彧弟。

② 永田拓治《漢晋期における家伝の流行と先賢》，《東洋学報》94 - 3，2012 年。

觉认识转变。也就是说，"家传"本来的重心在于记述家族中优异故人的事迹，但通过一代代的连续书写，"家传"的关心就由故人转向了拥有优异事迹的故人家族。① 可以认为重点是从先贤转移到了先贤之家。

结　语

关于"贤"的记忆，通过不断的传颂和记录，从个人记忆向着社会整体的记忆转变。这一记忆经由记述和留存，也从对于贤者个人的表彰，影响到他们的子孙。从汉初开始的贤者政治造就了重视"贤"的社会背景。正是从这样的背景中，产生了"贵族"这一存在。换言之，正是对"贤"之记忆的记述本身，保证了贵族这一社会性和政治性特权阶级的世袭。

（本文作者为日本阪南大学国际交流学部教授）

---

① 永田拓治《〈汝南先贤传〉の编纂》（《立命馆文学》619，2010年）指出，从东汉末到三国时期，出现了重视先贤并对其子孙也给予特别看待的社会风潮，从中可以看到对于先贤家族的认识。

府佐属僚所见北魏的亡命氏族

堀内淳一　著　付晨晨　译

　　本书的主题是"贵族与士大夫",从政治角度来看,两者的区别在于贵族通过血缘获得地位,而士大夫通过科举考试,其才能获得认可进而取得政治地位。当然,贵族社会并非完全忽视才能,而是在门阀主义和贤才主义之间出现了龃龉。[①] 正如"门阀"一词体现的那样,贵族通过姻亲关系(血缘)结合形成。这种形态与宋代以后士大夫以出生地(地缘)为基础结成派系的情况形成对比。那么,被称为贵族政治时代的南北朝时期,因地缘关系形成的政治支配者阶层是怎样结合的呢?

　　本论文关注从南朝亡命北魏的氏族官历,考察他们在北魏贵族社会中的立场。大量研究已经指出,南朝亡命者对北魏的文物制度产生了重大影响。[②] 特别是孝文帝时期逃亡北魏的刘昶、王肃,在汉化政策的实施中发挥了重要作用。[③] 以此二人为代表的亡命者在北魏贵族社会中的立场如何?本文将从(1)亡命者的属僚选择,(2)亡命者参与的幕府两个方面展开探讨。

---

　　① 谷川道雄《北魏官界における門閥主義と賢才主義》,《隋唐帝国形成史論》,筑摩书房,1971年,初出《名古屋大学文学部十周年記念論集》1959年。

　　② 参见陈寅恪《隋唐制度渊源略论稿》,商务印书馆,1946年。

　　③ 参见宫崎市定《九品官人法の研究》第五章《北朝の官制と選挙制度》,同朋舍,1956年,收录于《宫崎市定全集》第六卷,岩波书店,1992年。

魏晋南北朝时期的地方长官一般身兼两衔,[①] 其一为掌管民政的州刺史,其一为统领军事的将军号。与此对应,地方长官僚属也分为两个系统,即由治中、别驾领衔的州刺史属官和以长史、司马为代表的军府佐僚。原本职分不同的民政和军事系统因西晋以后州刺史带将军号的常态化而使得职责范围暧昧不清。南北朝时期,作为将军府僚属的府佐位在州佐之上,作为刺史僚属的州佐在隋代以后被称为乡官而最终被废止。

为了地方行政的顺利运作,州佐吏主要由刺史从当地有力氏族中选拔其子弟充任。[②] 而府佐则由府主推举,需得到中央吏部、皇帝承认以后才能正式上任。不过滨口重国指出,南北朝时期,例如长史、司马、谘议参军等高品府官也多由府主本人预先选定,多是与己有利之人,亲信乃至亲戚等,以此人选上奏朝廷,且多能获得许可。[③] 实际上,南朝常见随府主迁任的"随府府佐"。这表明在府主与府佐之间,除了上下职务关系,更存在着个人间的信赖关系。具有最终人事权的吏部、皇帝大多情况下也承认这种关系。[④] 进一步而言,即使府佐转任离开原府,也会与原府主继续保持私人关系(或者至少应该保持这种关系)。[⑤]

---

① 以下关于北魏地方官制的概述参照严耕望《中国地方行政制度史 魏晋南北朝地方行政制度》下卷第四章《州府僚佐》,初出《魏晋南北朝地方行政制度》,"中央研究院"历史语言研究所,1963年。

② 关于北朝州佐情况会田大辅在《北魏後半期の州府府佐——〈山公寺碑〉を中心に——》(《东洋学报》91-2,2009年)一文中有详细论证。

③ 参见滨口重国《所谓,隋の乡官废止について》,《秦汉隋唐史の研究》,东京大学出版会,1966年,初出《加藤博士还历记念东洋史集说》,富山房,1941年。

④ 参见石井仁《南朝における随府府佐》,《集刊东洋学》53,1975年;《梁の元帝集团と荆州政权》,《集刊东洋学》56,1986年。

⑤ 参见川胜义雄《六朝贵族制社会の研究》第Ⅱ部第五章《门生故吏关系》,岩波书店,1982年。

那么，我们可以认为府主辟召是当时贵族社会中私人关系在公共组织构成中的体现。严耕望指出，北朝府主的府佐关系因为中央的过多介入而不可与南朝的同类关系相比。① 但是如果是在南朝度过少年时光的亡命者的话，他们应该比一般北朝人更强烈地意识到这种府主与故吏的关系。

门生、故吏的私人关系与官位、官职等公共关系的延续性是贵族社会的一个特征。因此，下文将通过南朝亡命氏族的府主、府佐这种表象的公共关系讨论北魏亡命氏族与其他氏族之间的私人关系。

一、刘昶、王肃的府佐构成

首先以孝文帝改革的中心人物——刘昶、王肃为例，讨论他们的府佐构成。表一是出任过二人地方府佐的人物一览表。阴影部分是从南朝亡命而来的氏族或其子孙。虽经自荐或他荐却最终能未就任的人物在备考栏。

(一) 刘昶的府佐

首先考察孝文帝改革前半期的中心人物——刘昶。《魏书》称刘昶与蒋少游一同担纲孝文帝的朝仪改革，是汉化改革参谋团的一员。

于时改革朝仪，诏昶与蒋少游专主其事。昶条上旧式，略不遗忘。②

① 参见严耕望《中国地方行政制度史 魏晋南北朝地方行政制度》，第582页。
② 《魏书》卷五九《刘昶传》。

表一　刘昶、王肃属僚一览

序号	府主	府	名前	官职	出身	出典	备考
1	刘昶	宋王大将军府	王肃	长史	琅琊王氏	魏63	
2			阳固		北平阳氏	魏72	
3			袁济南	谘议参军	陈郡袁氏	北27	
4			韦欣宗		京兆韦氏	魏45	
5			沈保冲	外兵参军	吴兴沈氏	魏61	
6			薛和	行参军	河东薛氏	魏42	
7			杜祖悦	参军事	京兆杜氏	魏45	
8			高祐	王国傅	勃海高氏	魏57	
9			申景义	王国侍郎	魏郡申氏	魏61	
10			崔挺	长史	博陵崔氏	魏57	不就
11			殷灵诞	司马	?	南齐57	不就
12			韩显宗	谘议参军	昌黎韩氏	魏60	不就
13	王肃	豫州平南（镇南）府	傅永	长史	清河傅氏	魏70	
14			赵超宗		天水赵氏	魏52	
13			傅竖眼	参军事	清河傅氏	魏70	
15		扬州车骑府	韦缵	长史	京兆韦氏	魏45	
16			潘永基	主簿	长乐潘氏	魏72	
17			申景义	录事参军右司马	魏郡申氏	魏61	
18			张熠	录事参军	南阳张氏	魏79	

　　刘昶是宋文帝刘义隆第九男，在刘宋时受封义阳王，以徐州刺史长期镇守宋魏边境。他因惧怕前废帝刘子业的清洗，在北魏和平六年（456）逃亡北魏。

　　在北魏，他被封为丹阳王，历任外都坐大官、内都坐大官，孝文帝时领仪曹尚书，掌朝仪改革。其后在太和十八年（494）受封齐郡开国公、宋王、大将军，太和二十一年（497）死去，时62岁。刘昶在北魏受到厚待，曾三度迎娶公主，其子刘承绪、刘辉亦尚主。

刘昶在大将军任上仅三年。但是，史书中保留了大量在此期间相关属僚的记载。通过考察刘昶府佐可以一窥孝文帝改革时期亡命氏族的人际关系。

1. 长史

刘昶出任大将军时，诏书命山东名族博陵崔氏崔挺为其府佐。但是崔挺以疾病为由没有就官，最终是前一年刚从南齐亡命而来的王肃出任长史。[①] 王肃此后成为孝文帝汉化政策的中心人物，而他在北魏的职业生涯正是从刘昶大将军府长史开始。一年后，王肃被提拔为平南将军、豫州刺史，其长史之职由城局参军阳固兼任。[②]

阳固是北平无终人，与同时期被高闾、李冲推举为幽州中正的阳尼同族。他是刘昶做都督外征时的旧部下，最初以版行参军出入帐下，后因直言进谏得到刘昶的赏识而除正为城局参军。王肃离府后兼任长史，因父母丧事去官。宣武帝时期参与了律令改革。

2. 司马

大将军府司马的人选不明。不过相关人物《南齐书》中有记载：

> 及虏寇豫州，灵诞因请为刘昶司马，不获。[③]

---

① "太和十八年，大将军、宋王刘昶南镇彭城，诏假立义将军，为昶府长史，以疾辞免，乃以王肃为长史。其被寄遇如此。"（《魏书》卷五七《崔挺传》）又"寻除辅国将军、大将军长史，赐爵开阳伯，肃固辞伯爵，许之。"（《魏书》卷六三《王肃传》）

② "太和中，从大将军宋王刘昶征义阳，板府法曹行参军，假陵江将军……年三十余，始辟大将军府参军事，署城局，仍从昶镇彭城，板兼长史。俄以忧去任。"（《魏书》卷七二《阳固传》）

③ 《南齐书》卷五七《魏虏传》。

殷灵诞是刘宋末年被派往北魏的使者，因王朝换代而未能归国。史书记载他曾求任刘昶司马而未能如愿。

3. 谘议参军

谘议参军在将军府幕僚的各种参军中首屈一指。官品仅次于长史、司马，较其他诸曹参军高一等。刘昶开府之际登用的谘议参军是陈郡阳夏袁济。[①] 袁济父袁式在晋宋革命时逃亡后秦，后秦灭亡后又投降北魏。刘昶还庇护了皇兴年间（467—471）入国的袁宣，令他的同族袁济照应。[②]

当时，韩显宗亦与袁济争夺谘议参军之职，被孝文帝阻止。[③] 韩显宗是昌黎棘城人，太和年间举秀才，以中书侍郎身份参与孝文帝改革的讨论，与李冲、李彪等人同样主张贤才主义。[④] 他随孝文帝南征，新野之战立功时曾上言：

> 臣顷闻镇南将军王肃获贼二三，驴马数匹，皆为露布。臣在东观，私每哂之。近虽仰凭威灵，得摧丑虏，兵寡力弱，擒斩不多。脱复高曳长缣，虚张功捷，尤而效之，其罪弥甚。臣所以敛毫卷帛，解上而已。[⑤]

表现出对从刘昶长史转为镇南将军的王肃的强烈敌对意识。

---

① "（袁）济袭父爵，位魏郡太守，政有清称。加宁远将军。及宋王刘昶开府，召为谘议参军。"（《北史》卷二七《袁济传》，《魏书》卷三八本传未载）

② "袁翻，字景翔，陈郡项人也。父宣，有才笔，为刘彧青州刺史沈文秀府主簿。皇兴中，东阳平，随文秀入国。而大将军刘昶每提引之，言是其外祖淑之近亲，令与其府谘议参军袁济为宗。宣时孤寒，甚相依附。"（《魏书》卷六九《袁翻传》）

③ "后乃启乞宋王刘昶府谘议参军事，欲立效南境，高祖不许。"（《魏书》卷六〇《韩显宗传》）

④ 参见前揭谷川道雄论文。

⑤ 《魏书》卷六〇《韩显宗传》。

袁济以后，可以确认的谘议参军有韦欣宗。韦欣宗本贯京兆杜陵，其父韦道福与袁宣一同在皇兴年间亡命北魏，居于彭城。彭城是刘昶大将军府的治所。韦欣宗本人"以归国之勋"被封为杜县侯。韦欣宗曾在孝文帝初年任彭城内史，在刘昶死后，继任的徐州刺史广陵侯元衍延聘其为长史兼彭城内史。①

4. 其他府佐、属官

除了前文从板行参军提拔为正参军，进而身兼长史的阳固以外，大将军府的参军还有薛和②、杜祖悦③等人。薛和出身河东汾阴，他的祖父是刘裕夺回长安时来投北魏的原东晋平阳太守薛辩。刘昶府行参军是薛和的初任官。他此后作为西道行台，率傅竖眼（后文将述）等破梁。

杜祖悦出身关西名族杜氏，当时侨居赵郡。经刘昶府僚后，转任天水、仇池二郡太守，行南秦州刺史。

任外兵参军者有沈保冲。④沈保冲是吴兴武康人，父沈文秀是刘宋青州刺史，在抵抗北魏时被捕。沈保冲从奉朝请转大将军宋王府外兵参军，后转南徐州冠军长史。

除了大将军府的府佐以外，因刘昶被封为宋王，故而还有一套王

---

① "（韦）欣宗，以归国勋，别赐爵杜县侯。高祖初，拜彭城内史，迁大将军、宋王刘昶谘议参军。广陵侯元衍为徐州刺史，又请为长史，带彭城内史。抚绥内外，甚得民和。世宗初，除通直散骑常侍，出为河北太守，不行。寻转太中大夫，行幽州事。卒，赠龙骧将军、南兖州刺史，谥曰简。"（《魏书》卷四五《韦欣宗传》）

② "（薛）昙贤弟和，字导穆。解褐大将军刘昶府行参军。"（《魏书》卷四二《薛和传》）

③ "（杜）祖悦，字士豁，颇有识尚。大将军刘昶参军事，稍迁天水、仇池二郡太守，行南秦州事。正光中，入为太尉、汝南王悦谘议参军。"（《魏书》卷四五《杜祖悦传》）

④ "（沈）保冲，太和中，奉朝请、大将军宋王外兵参军，后为南徐州冠军长史。"（《魏书》卷六一《沈保冲传》，《北史》卷四五本传未载）

国僚属。① 以下确认这些国官僚佐。史籍记载的有王国傅高祐②和王国从事中郎申景义③二人。高祐出身山东名族渤海高氏。其父高说与崔浩同任著作，为冀青二州中正，高祐自己也是冀州大中正。孝文帝时，高祐为秘书令，与秘书丞李彪一同监修国史。刘昶死后，他虽出任宗正卿，却一直滞留彭城不能还都，直到解任宗正。

另一方面，申景义是南朝来降之人。其父申纂原是刘宋兖州刺史，在慕容白曜进攻淮北时被捕，且卷入城内火灾被烧死。申景义在北魏自散员士为刘昶王国侍郎。如后所述，他后来出任王肃扬州车骑府录事参军、右司马。

（二）王肃的府佐

王肃出自南朝首屈一指的名门琅琊王氏。其父王奂是南齐的雍州刺史，太和十七年（493）因犯大逆被诛，王肃出逃北魏。王肃受到孝文帝的重用，自刘昶大将军府长史后，太和十九年（495）左右被任命为平南将军、豫州刺史，随孝文帝南征。凭借军功一度升为镇南将军，因涡阳之败（498）再度降格为平南将军。此后久在豫州刺史任上，太和二十三年（499）因孝文帝遗诏被召回中央为尚书令。可是景明元年（500）裴叔业自南齐来降后，出任为车骑将军扬州刺史，与彭城王元勰一同镇寿春，翌年在当地死去。因此，王肃的府

---

① 刘昶被封宋王的同时还受封齐郡开国公，后者为实封，而宋王是虚号不带实土，因此其属官也应该没有赴任封地而是随刘昶在府。

② "转宋王刘昶傅。以昔参定律令之勤，赐帛五百匹、粟五百石、马一匹。昶以其官旧年者，雅相祗重，妓妾之属，多以遗之。拜光禄大夫，傅如故。昶薨后，征为宗正卿，而祐留连彭城，久而不赴。于是尚书仆射李冲奏祐散逸淮徐，无事稽命，处刑三岁，以赎论。诏免卿任，还复光禄。"（《魏书》卷五七《高祐传》）

③ "（申）纂既败，子景义入国。太和中，为散员士、宋王刘昶国侍郎。景明初，试守济阴郡、扬州车骑府录事参军、右司马。"（《魏书》卷六一《申景义传》）

佐可分为孝文帝时的豫州刺史和宣武帝时短暂出任的扬州刺史两个时期。

1. 豫州刺史时期的府佐

关于豫州刺史时期府佐的记载，首先是王肃在赴任豫州时辟召的长史傅永。[①] 傅永是清河人，原本是北魏平定青州时对战的崔道固的城局参军，被俘后作为平齐民，十数年不免于饥寒。涡阳之败，他也一度坐免官爵，景明初与彭城王元勰、广陵侯元衍、王肃等一同镇守寿春。但此时他是统军，随即转汝阴镇将。虽然和王肃都在寿春，但没有直接的统属关系。

涡阳之败傅永去职以后，继任长史的是赵超宗。[②] 天水人赵超宗原本仕于南朝，太和年间逃到北魏。他在任职豫州平南府长史的同时，带汝南太守。据记载，他在任地受贿，进奉孝文帝之弟北海王元详。

此外豫州刺史时期的僚佐还有傅竖眼。[③] 傅竖眼是清河人，其父傅灵越在刘宋北魏之间摇摆反复，最后因参与刘宋晋安王刘子勋之乱被处死。傅竖眼逃亡北魏，成为王肃的参军。其后为给事中、步兵校尉，转战各地。

---

① "王肃之为豫州，以（傅）永为建武将军、平南长史。咸阳王禧虑肃难信，言于高祖。高祖曰：'已选傅修期为其长史，虽威仪不足，而文武有余矣。'肃以永宿士，礼之甚厚。永亦以肃为高祖眷遇，尽心事之，情义至穆。"（《魏书》卷七〇《傅永传》）

② "（赵）超宗，身长八尺，颇有将略。太和末，为豫州平南府长史，带汝南太守，加建威将军，赐爵寻阳伯。入为骁骑将军。超宗在汝南，多所受纳，货赂太傅北海王详，详言之于世宗，除持节、征虏将军、岐州刺史。"（《魏书》卷五二《赵超宗传》）

③ "（傅）竖眼，即灵越之也。沉毅壮烈，少有父风。入国，镇南王肃见而异之，且奇其父忘，倾心礼敬，表为参军。从肃征伐，累有战功，稍迁给事中、步兵校尉，左中郎将，常为统军，东西征伐。世宗时为建武将军，讨扬州贼破之，仍镇于合肥，萧衍民归之者数千户。"（《魏书》卷七〇《傅竖眼传》）

如上所述，史籍中明确是王肃豫州刺史时期僚佐的人物都是来自南朝的亡命者。这种情况的出现可能与王肃受到孝文帝的特殊对待有关。

王肃进攻义阳时，孝文帝曾下发过这样一道诏书：

> 诏肃讨萧鸾义阳。听招募壮勇以为爪牙，其募士有功，赏加常募一等；其从肃行者，六品已下听先拟用，然后表闻；若投化之人，听五品已下先即优授。[①]

根据孝文帝的诏书，可知孝文帝授予王肃以下三项专权：

(1) 王肃所募之兵比通常途径的募兵在论功时赏赐高一等。

(2) 王肃府内六品以下属官可先决任用，事后报备。

(3) 来投诚者，听授五品以下官职。

第三项优待附加了"若投化之人"的条件。据北魏太和后令，王肃就任的平南将军属正三品官，其府内长史、司马从五品上，谘议参军正六品上，录事参军正七品上，功曹、记室、户曹、仓曹、中兵参军正七品下，其他列曹参军从七品上。孝文帝的这道诏书不仅赋予了王肃府内属僚的任命权，还认可了原本需要皇帝裁决的部分敕任官的委用权。

2. 扬州刺史时期的府佐

孝文帝死后，一度荣升尚书令的王肃翌年被任命为车骑将军、扬州刺史赴寿春。王肃出镇寿春在景明元年（500）正月，殁于当地在景明二年（501）七月，即他的扬州车骑府只存在了一年半。虽然如此，我们还是可以从史书中一定程度还原当时的属僚情况。

---

① 《魏书》卷六三《王肃传》。

首僚长史是韦缵。王肃出镇时，召长兼尚书左丞韦缵为长史、梁郡太守。[①] 韦缵是京兆杜陵人，与刘昶的谘议参军韦欣宗同族。他在王肃死后一度代行州刺史，待后任任城王元澄到镇后继续在府中担任长史。

主簿有潘永基。[②] 潘永基是长乐广宗人。入王肃府前，曾是西硖戍主，统括陈留、南梁二郡，镇戍在防卫南朝的最前线。经王肃府僚以后，以虎贲中郎将、直寝、前将军被征回都内。他一直生活到东魏时期，终于东徐州刺史。

又原为刘昶王国从事中郎的申景义在王肃府中任录事参军、右司马。史书中两职并记，不过从张熠后来也成为录事参军来看，申景义应该是从录事参军转为右司马，空出的参军一职由张熠补入。张熠自称南阳西鄂人、汉侍中张衡十世孙，实际上家门籍籍无名。[③] 他自奉朝请转扬州车骑府录事参军，迁步兵校尉，最终因营造东魏邺都有功被提拔为东徐州刺史。

此外还有夏侯道迁随王肃入寿春的记载，不过他的任职未载。夏侯道迁是谯人，在南齐以南桥太守镇守寿春，因与徐州刺史裴叔业不合，单骑出走北魏。在北魏被任命为骁骑将军，随王肃入寿春，在王肃死后返回南朝。其后为梁汉中太守，未几又再度入北魏。夏侯道迁

---

① "寻转长兼尚书左丞。寿春内附，尚书令王肃出镇扬州，请（韦）缵为长史，加平远将军，带梁郡太守。肃薨，敕缵行州事。任城王澄代肃为州，复启缵为长史。"（《魏书》卷四五《韦缵传》）

② "潘永基，字绍业，长乐广宗人也。父灵虬，中书侍郎。永基性通率，轻财好施。为冀州镇东府法曹行参军，迁威烈将军，扬州曲阳戍主，转西硖石戍主，治陈留、南梁二郡事，颇有威惠。转扬州车骑府主簿。累迁虎贲中郎将、直寝、前将军。"（《魏书》卷七二《潘永基传》）

③ "张熠，字景世，自云南阳西鄂人，汉侍中衡是其十世祖。熠自奉朝请为扬州车骑府录事参军。入除步兵校尉。"（《魏书》卷七九《张熠传》）

在谒见宣武帝时宣称王肃死后他因听信韦缵谗言而背反。①

又裴邃亦从王肃入寿春，后来南奔。裴邃是河东闻喜人，原本随同族裴叔业出仕北魏。但他为了返回南朝而随王肃南下寿春，不久得以南归。②

如上所见，可以确定的僚佐中，刘昶府八人有五人，王肃府七人有四人是南朝出身，或南人子孙。而当时号称北魏名族博陵崔氏的崔挺虽有孝文帝命其出仕刘昶长史的诏书，却以疾病为由拒绝出任。其他的华北名族，如清河崔氏、赵郡李氏、弘农杨氏等，除了前述渤海高氏出身的高祐以外，无一见于刘、王二人府属。

另外，王肃豫州平南府中的傅永和傅竖眼同为清河傅氏且来自南朝，刘昶的谘议参军韦欣宗和王肃扬州车骑府长史韦缵是同族。又申景义从刘昶王国侍郎转为王肃录事参军。刘昶之子刘文远以统军身份与王肃同时驻在寿春。虽然他因为试图谋害王肃而被诛杀，但原本可能是王肃的属僚。③

如文首所言，府主与府佐的关系虽然偶有朝廷介入，但在大多数情况下基于私人因缘、信赖关系。刘昶、王肃府中多登用从南朝亡命北魏的一批人。尽管这些亡命者奔魏的原因各不相同，但他们齐聚刘王二府或许是出于在北魏贵族社会中被统一视为"亡命者子孙"的缘故。

---

① "拜骁骑将军，随王肃至寿春，遣（夏侯）道迁守合肥。肃薨，道迁弃戍南叛。……道迁自南郑来朝京师，引见于大极东堂，免冠徒跣谢曰：'臣往日归诚，誓尽心力，超蒙荣奖，灰殒匪报。但比在寿春，遭韦缵之酷，申控无所，致兹猖狂。'"（《魏书》卷七一《夏侯道迁传》）

② "值刺史裴叔业以寿阳降魏，豫州豪族皆被驱掠。邃遂随众北徙。魏主宣武帝雅重之，以为司徒属，中书郎，魏郡太守。魏遣王肃镇寿阳，邃固求随肃，密图南归。天监初，自拔还朝，除后军谘议参军。"（《梁书》卷二八《裴邃传》）

③ "（刘）文远，历步兵校尉、前将军。景明初，为统军。在寿春，坐谋杀刺史王肃以寿春叛，事发伏法。"（《魏书》卷五九《刘昶传》）

为了进一步验证这个判断，接下来分析亡命者子孙出仕府主的身份情况。

二、亡命者子孙的府主们

前一节讨论了亡命者府中出仕的人物。我们已经知道王肃北奔之初，在亡命氏族的代表刘昶府中担任长史。是否还有其他类似事例？本节将调转视角，考察亡命者及其子孙出仕府主的情况。

表二整理了出任地方军府府佐的亡命者子孙及其府主的基本情况。2. 袁式、3. 崔景徽、4. 刁整、5. 韦欣宗、6. 沈保冲、7. 王肃、8. 薛和、10. 房伯祖、11. 韦欣宗、17. 司马直安、22. 袁济、23. 崔伯驎的府主在《魏书》本传中均有明确记载。又15. 司马宗庞、18. 刘文颢出仕的是诸王府，可从列传中确定府主（以上序号与表二对应）。

表二　亡命者子孙的府佐就任与府主

序号	人　名	亲属关系	官　名	府　主	任官时期	出　典
1	王慧龙	本人	安南大将军府左长史	司马楚之	世祖时	魏38，37
2	袁式	本人	雍州卫大将军府从事中郎	乐安王范	延和2	魏38，17
3	崔景徽	崔道固子	青州征东大将军司马	广陵王羽	高祖时	魏24
4	刁整	刁雍孙	荆州府外兵参军事	广阳王嘉	高祖时	魏38
5	韦欣宗	韦道福子	大将军府谘议参军	刘昶	太和18～	魏45
6	沈保冲	沈文秀子	大将军府外兵参军	刘昶	太和18～	魏61，59

序号	人　名	亲属关系	官　名	府　主	任官時期	出　典
7	王肃	本人	大将军府长史	刘昶	太和 18～21	魏 63，59
8	薛和	薛辨孙	大将军府行参军	刘昶	太和 18～21	魏 42，59
9	沈保冲	沈文秀子	南徐州冠军府长史	(沈陵?)	～太和 21	魏 61
10	房伯祖	房法寿子	青州征东大将军开府从事中郎	广陵王羽	太和 18～23	魏 43
11	韦欣宗	韦道福子	徐州都督府长史	广陵公元衍	～太和 23	魏 45
12	房伯祖	房法寿子	幽州辅国府长史	(韦欣宗?王秉?)	世宗时前后	魏 43
13	刘季友	刘休宾子	南青州左军府录事参军	(薛和?)	世宗～肃宗	魏 43
14	毕闻慰	毕众爱子	徐州平东府长史	不明	世宗时	魏 61
15	司马宗庞	司马灵寿孙	征虏府骑兵参军	安定王燮	世宗时	魏 37，17
16	司马宗庞	司马灵寿孙	洛州龙骧府司马	(刁遵?崔休?)	世宗时	魏 37
17	司马直安	司马灵寿子	镇东府长史	萧宝夤	正始 4	魏 37，59
18	刘文颢	刘休宾子	徐州都督府骑兵参军	安丰王延明	孝昌 1～2	魏 43，16
19	房翼	房法寿孙	青州太傅开府从事中郎	李延寔	永安中	魏 43，83
20	司马龙泉	司马灵寿孙	沧州开府长史	不明	魏末	魏 37
21	韦元叡	韦道福孙	颍州骠骑府长史	不明	武定中	魏 45

序号	人　名	亲属关系	官　名	府　主	任官时期	出　典
22	袁济南	袁式子	大将军府谘议参军	刘昶	太和18～	北史27
23	崔伯驎	崔道固族孙	冀州抚军府长史	萧宝夤	延昌4	魏19上，24

以下讨论未明确记载府主的例子。

1. 王慧龙出仕安南大将军府长史在太武帝（在位423—445）年间，当时的安南大将军仅见司马楚之一人。《魏书·王慧龙传》云：

> 刘义隆纵反间，云慧龙自以功高而位不至，欲引寇入边，因执安南大将军司马楚之以叛。

如果王慧龙不是司马楚之的府佐，那么上面的流言就难以成立。司马楚之是东晋王族，因为畏惧刘裕篡夺而出逃北魏，是北魏前期亡命者的代表性人物。

9. 沈保冲在太和年间自刘昶大将军宋王府外兵参军转入南徐州冠军府，太和二十一年（497）因涟口之败坐免官。① 如前所述，刘昶任大将军在太和十八年（494），所以沈保冲入职南徐州冠军府最长不超出太和十八年至二十一年间。

当时的南徐州刺史在《魏书》中只有沈陵。沈陵是沈文秀族子，太和十八年南伐时来降，拜前军将军，"礼遇亚于王肃"。他后来累迁中垒将军、南徐州刺史，转龙骧将军，太和二十二年（498）年进号冠军将军。孝文帝去世后，随即在太和二十三年（499）年八月南徐

---

① 参见第151页注①。

州刺史任上南叛。目前无法断定沈陵任南徐州刺史的准确年份，应当是太和十八年来奔后不久。问题在于沈陵为冠军将军在沈保冲去府的太和二十一年以后，《沈陵传》中太和二十三年左右的长史是赵俨。关于后者，可以视为沈保冲在太和二十一年离职后的继任，前者则有一些问题。考虑到南徐州因沈陵来降而设置，不太可能存在前任。或许史书将龙骧将军时期的情况错植在同为从三品的冠军将军时期的记载中。①

沈陵、沈保冲都与刘宋青州刺史沈文秀同族。后者是一直抵抗北魏入侵淮北，最后被俘为平齐民的人物。尽管赵俨谏言沈陵有反叛之心，王肃依然坚持庇护沈陵，结果造成了他的南逃。

12. 房伯祖自广陵王元羽青州府从事中郎转入幽州辅国府，其后"坐公事免"。从《魏书》卷二一上《献文六王传》来看，在元羽出任青州刺史直接接在太和十八年"五等开建"的记载后面。又元羽在宣武帝初转司州刺史，既而为司徒。元羽就任司徒在景明二年，因此房伯祖调职幽州辅国府长史应该在太和十八年至景明二年之间。

《魏书》中带辅国将军号的幽州刺史仅王秉一例。王秉是王肃之弟，宣武帝初携兄子来奔北魏。② 在北魏经历中书郎、司徒谘议参军，为幽州刺史，不太可能在景明二年担任幽州刺史。吴廷燮《元魏方镇年表》中这一时期的幽州刺史除王秉以外，还列有高闾、李肃、

---

① "（沈）文秀族子陵，字道通。太和十八年，高祖南伐，陵携族孙智度归降，引见于行宫。陵姿质妍伟，辞气辩畅。高祖奇之，礼遇亚于王肃，授前军将军。后监南徐州诸军事，中垒将军，南徐州刺史。寻假节，龙骧将军。二十二年秋，进持节，冠军将军。及高祖崩，陵阴有叛心。长史赵俨密言于朝廷，尚书令王肃深保明之，切责俨。既而果叛，杀数十人，驱掠城中男女百余口，夜走南入。"（《魏书》卷六一《沈陵传》）

② "世宗初，携兄子诵、翊，衍等入国。拜中书郎，迁司徒谘议，出为辅国将军，幽州刺史。卒，赠征虏将军，徐州刺史。"（《魏书》卷六三《王秉传》）

韦欣宗三人。其中高闾在孝文帝末年为平北将军（《魏书·高闾传》），不可能是房伯祖的府主。幽州刺史李肃在本纪（《魏书》卷八《宣武帝纪》）中出现：

> 十有一月，幽州民王惠定聚众反，自称明法皇帝，刺史李肃捕斩之。

但是《魏书》卷三六《李肃传》中的没有他出任幽州刺史的记载。此李肃在宣武帝末期延昌四年（515）任黄门侍郎、加光禄大夫，太和末为幽州刺史的可能性较低。或许两李肃是同名同姓的不同人，进一步的详情则不得而知。

韦欣宗在宣武帝初年除通直散骑常侍、河北太守，未行又转太中大夫、行幽州事。[①] 吴廷燮表中景明元年至二年的幽州刺史作韦欣宗，其后是王秉。管见所及，没有明确证据表明两者任期的前后关系，韦欣宗的将军号也不明。

尽管以上讨论尚有不少未明之处，房伯祖做幽州辅国府长史时候的府主应该是王秉、李肃、韦欣宗三人中的某一人。这里希望指出的是，王秉、韦欣宗都是来自南朝的亡命者一族，与刘昶、王肃关系亲近。

13. 刘季友是南青州左军府录事参军。关于他的记述十分简略，任官时间、前后官历未着笔。又南青州原名东徐州，自太和二十二年改，[②] 所以刘季友担任南青州左军府录事参军应该在此以后。将军号、刺史均符合的人物只有曾为刘昶行参军的薛和，他在正光初年

① 参见第149页注⑤。
② "南青州，治团城。显祖置，为东徐州，太和二十二年改。"（《魏书》卷一〇六中《地形志中》）

(520左右)任左将军、南青州刺史。

14. 毕文慰担任徐州平东府长史的记载后紧接着永平间的记载，所以他的任官时间应该在宣武帝初期。检阅《魏书》，太和末年至永平四年间的徐州刺史有元愉、元寿兴、元鉴、元嵩、卢昶五人。据《魏书》卷二二《京兆王愉传》，元愉在太和二十一年受王爵，除徐州刺史，宣武帝即位后还都为护军将军，刺史时期的将军号不明。元寿兴出任徐州刺史在"世宗初"，无法确认他任职的准确年代和所带将军号。① 元鉴出任徐州刺史也在"世宗初"，从传记来看，应该是元愉的后任，他当时的将军号是征虏将军。② 《元嵩传》记载萧衍克建康后，他自平北将军恒州刺史转平东将军徐州刺史。③ 萧衍平克建康在景明二年。最后一人卢昶赴任时是镇东将军，永平四年因败于梁而免官（《魏书》卷四七《卢昶传》）。除了镇东将军卢昶，其他四人均可能是毕文慰的府主，且以上四人均为宗室。

16. 司马宗庞自安定王元燮征虏府转洛州龙骧府司马。④ 元燮做征虏将军的时期最长不过宣武帝初年至延昌四年。其间带龙骧将军的洛州刺史只有刁遵和崔休二人。刁遵任洛州刺史在延昌三年（514）至熙平元年（516）间。⑤ 崔休任官时间不明，他就任洛州刺史前后

---

① "（元）盛弟寿兴，少聪慧好学。世宗初，为徐州刺史，在官贪虐，失于人心。"（《魏书》卷一五《元寿兴传》）

② "出为征虏将军，齐州刺史。……世宗初，以本将军转徐州刺史。……先是，京兆王愉为徐州，王既年少，长史卢渊宽以驭下，郡县多不奉法。"（《魏书》卷一六《元鉴传》）

③ "既而萧衍寻克建业，乃止。除平北将军，恒州刺史。转平东将军，徐州刺史。又转安南将军，扬州刺史。"（《魏书》卷一九中《元嵩传》）

④ "（司马）祖珍弟宗庞，世宗时，父惠安以久病启以爵转授。解褐安定王府骑兵参军，洛州龙骧府司马。"（《魏书》卷三七《司马宗庞传》）

⑤ "延昌三年，迁司农少卿。寻拜龙骧将军，洛州刺史。……熙平元年七月卒，年七十六。"（《魏书》卷三八《刁遵传》）

的记载分别是与广平王元怀私交被宣武帝问责免官和肃宗初的记载，那么他的任期应该在宣武帝初。渤海刁氏是与司马氏一同投奔北魏的东晋名族，多次与北魏宗室结为姻亲。崔休的祖父崔灵和是刘宋员外郎，在父崔伯宗时期亡命北魏。[①]

19. 房翼任青州太傅开府从事中郎的府主只可能是李延寔，因为以太傅兼任青州刺史的例子绝无仅有。李延寔是陇西人，祖父李宝是五胡十六国西凉的王族。西凉被北凉灭后，李宝协助北魏统一华北，在太武帝时期入都授宅。其父李冲是支持孝文帝改革的中心人物。李延寔是孝庄帝外戚，因孝庄帝暗杀尔朱荣，被尔朱兆等尔朱氏一族杀害。

20. 司马龙泉和 21. 韦元叡出任府僚均在北魏末期，有助确定年代的资料较少，很难判定其府主。

以上各例中，能够确认府主的亡命者有 16 例，其中府主是北魏宗室者 7 例，刘昶府 5 例，已占大半，此外还有司马楚之、萧宝夤、李延寔三人。可能是府主的人物中，除宗室以外，有沈陵、韦欣宗、王秉、薛和、刁遵、崔休等人。这些人中除了李延寔，其他都是来自南朝的亡命者及其子孙，这一现象不可能出于偶然。李延寔是孝庄帝外戚，可视为宗室，又出自北魏统一华北以后进入政权的陇西李氏，也可视作从南朝到来的亡命人一样的"外来"汉族。

通过对表二的考察可以发现，亡命者子孙出仕的府主中没有华北汉族或者北族，能够明确身份的府主多为亡命者子孙或宗室，即便在因《魏书》记载简略而无法判定府主的例子中，府主有可能是亡命者子孙的事例也占大半。因此，我们可以认为亡命者子孙出仕府佐时，

---

① "曾祖（崔）諲，仕宋位青、冀二州刺史。祖灵和，宋员外散骑侍郎。父宗伯，始还魏，追赠清河太守。"（《北史》卷二四《崔休传》）

其府主亦为亡命者或宗室的可能性非常大。

三、北魏贵族社会和亡命人

以上讨论可以总结为两点：

（1）刘昶、王肃府的僚佐多亡命者及其子孙。

（2）亡命者子孙就任的府主多是宗室或亡命者及其子孙。

由此来看，亡命者开府时多召辟亡命者子孙，又亡命者的子孙多出仕宗室或亡命者之府，前后形成了一个循环。序言已述，川胜义雄指出贵族社会的特征是在王朝制度之外形成了基于贵族之间人际关系的序列，而这一序列规制了官员的迁转。本文的讨论正强烈暗示了亡命者之间相互推挽的情况。

与此同时，我们应该如何理解没有发现亡命者出仕华北汉族府僚的情况呢。虽然同为汉人，史书中可以发现华北汉族自北魏初期以来一直对新来的亡命者持不信任态度的记载。

> 后拜洛城镇将，配兵三千人镇金墉。既拜十余日，太宗崩。世祖初即位，咸谓南人不宜委以师旅之任，遂停前授。（《魏书》卷三八《王慧龙传》）

面对出身于南朝的王慧龙，"咸谓"南人预兵有危险性。这里的"咸"指的是亡命者以外的华北汉族和北族。即使得到孝文帝高度信赖，被誉为犹如刘备和诸葛亮的王肃也在孝文帝死后受到宗室任城王元澄的怀疑，称其"谋反"。

> 禧兄弟并敬而昵之，上下称为和辑。唯任城王澄以其起自羁

远，一旦在己之上，以为憾焉。每谓人曰："朝廷以王肃加我上尚可。从叔广阳，宗室尊宿，历任内外，云何一朝令肃居其右也。"肃闻其言，恒降而避之。寻为澄所奏劾，称肃谋叛，言寻申释。（《魏书》卷六三《王肃传》）

即使洗清怀疑，王肃还是在次年貌似被逐出中枢，出镇寿春，直到死于任地。

由上可见，从太武帝时代到孝文帝死后，北魏对南朝出身者的反感一直存在。这可能是北魏朝廷无论是官爵还是与宗室婚姻等方面都优待来投南人的缘故，同时也与亡命者聚居形成一个独立的相对封闭的社交环境有关。

例如，以下史料显示，皇兴二年（467）因北魏攻略淮北投降的崔道固到北魏以后与同为刘宋降人的薛安都、毕众敬、刘休宝、房法寿等保持交流。

初，道固之在客邸，与薛安都毕众敬邻馆，时以朝集相见，本既同由武达，颇结僚旧。时安都志已衰朽，于道固情乃疏略，而众敬每尽殷勤。道固谓刘休宾、房法寿曰："古人云'非我族类，其心必异'，信不虚也。安都视人殊自萧索，毕捺固依依也。"（《魏书》卷二四《崔道固传》）

一同出现在《崔道固传》中的房法寿和毕众敬也是亲交。

性好酒，爱施，亲旧宾客率同饥饱，坎壈常不丰足。毕众敬等皆尚其通爱。（《魏书》卷四三《房法寿传》）

又宣武帝初年自南齐投降的裴植在任瀛州刺史时，依然保持了江南虽一族同居却各别资财的习惯，没有渐习华北汉族大家族同居共爨的风俗。

> 植虽自州送禄奉母及赡诸弟，而各别资财，同居异爨，一门数灶，盖亦染江南之俗也。（《魏书》卷七一《裴植传》）

颜之推在《颜氏家训》卷二《风操》第六中描述了南北家族关系的差异，例如女性社会地位不同等。即使在南北朝末期至隋初的颜之推生活的时代，南北之间生活习惯的差异依然巨大。

如此，亡命者集团不仅在仕途上相互扶持，日常生活中也居所相近，维持着南朝式的生活。直到六世纪前半期孝文帝汉化政策延续的宣武帝时代，还可以看到这种亡命者集团。但是，到了北魏正光四年（523）六镇之乱至河阴之变（528）前后，北魏的亡命氏族社会应该发生了巨大变化。显示这种变化的是亡命北魏的南齐王族萧宝夤的属僚结构。

萧宝夤是南齐明帝萧鸾第六子。后来的梁武帝萧衍进入建康后着手肃清南齐宗室，萧宝夤逃到北魏。他在景明四年（503）被任命为都督东扬南徐兖三州诸军事、镇东将军、东扬州刺史、丹阳县开国公，封齐王，在北魏受到了极高的礼遇。

正光五年（524）陇西莫折念生之乱兴起后，时任尚书左仆射的萧宝夤作为西道行台大都督率诸将前往镇压。孝昌三年（527），平定陇西、关中反乱的萧宝夤以使持节都督雍泾岐南南豳四州诸军事、征西将军、雍州刺史、车骑大将军（假授）、开府、西讨大都督身份镇守长安，指挥关西诸将。他随即反叛，试图据长安自立。被朝廷的平叛军打败后，依附另一支反叛军万俟丑奴继续抵抗，永安三年（530）

与万俟丑奴一同被捕，斩于都下。表三以年代顺序排列了萧宝夤的府佐。仅记载"开府"等无法判断具体府属的人物列在末尾。

从表三来看，萧宝夤僚佐中清河崔氏、范阳卢氏、赵郡李氏等华北名族乃至关中汉人名族荦荦大端。反观亡命子孙出身者仅崔伯骥、司马惠安、高陵三人。其中崔伯骥和司马惠安早在 515 年以前就已经入府。《魏书》称萧宝夤之叛"长安轻薄之徒，因相说动"（《魏书》卷五九《萧宝夤传》），可见当时帐下关中出身者发言权甚大。

与刘昶、王肃不同，萧宝夤的府佐中亡命者较少，华北名族乃至陇西关中氏族影响更大。原因之一是萧宝夤本人蔑视在洛阳归正里聚居的亡命者集团。

表三　萧宝夤的幕僚

名　前	府	官　职	出　身	出　典
李孝怡	安南府	长史	赵郡平棘	魏 36
周惠达	瀛州刺史	？	章武文安	北齐 22，北 63
冯景	瀛州刺史	？	河间	北齐 22，北 63
崔伯骥	冀州刺史	长史	清河东武城	魏 19 上，北 17
司马直安	镇东府	长史	河内温	魏 37
元达	镇东府	司马	河南洛阳？	魏 59
魏续年	镇东府	统军		魏 59
邢昕	车骑大府	东阁祭酒	河间鄚	魏 85
苏亮	开府以前	参军	京兆武功	北周 38，北 63
冯景	关西大行台	大行台都令史	河间	北齐 22
崔士和	都督府	长史等	清河东武城	魏 66
苏湛	西讨开府	行台郎中	京兆武功	魏 45，北周 38
高陵	西讨开府	西阁祭酒	？	魏 24
姜俭	西讨开府	开府属	天水	魏 45

名 前	府	官 职	出 身	出 典
李瑒	西讨开府	统军，左丞	赵郡平棘	魏 53，北 33
崔楷	西讨开府	西征别将	清河东武城	魏 56
高敬猷	西讨开府	骠骑司马	辽东新昌	魏 62，北 40
封伟伯	西讨开府	行台郎中	渤海修	魏 62，北 24
高道穆	西讨开府	行台郎中	辽东	魏 77，北 50
郑俨	西讨开府	开府属	荥阳	魏 94，35
苏亮	都督府	记室参军，主簿	京兆武功	北周 38
苏亮	大将军府	掾	京兆武功	北周 38，北 63
李充	大将军府	行台郎中	陇西狄道	北 100
韦子粲	雍州刺史	主簿，录事参军	京兆杜陵	北 26
韦嵩遵	雍州刺史	中兵参军	京兆杜陵	魏 45
姜俭	雍州刺史	开府从事中郎	天水	魏 45
薛孝通	征西府	？	河东汾阴	北 36
冯景	大都督	功曹参军	河间	北齐 22
梁昕	大都督	行台参军	安定乌氏	北周 39
苏亮	（反乱军）	黄门侍郎	京兆武功	北周 38
高陵	（反乱军）	黄门侍郎	？	魏 24
姜俭	（反乱军）	左丞	天水	魏 45
韦荣绪	开府	开府属	京兆杜陵	魏 45
卢义僖	开府	开府谘议参军	范阳涿	魏 47
李绘	？	主簿，记室参军	赵郡平棘	北齐 29

景明初，伪齐建安王萧宝夤来降，封会稽公，为筑宅于归正里。后进爵为齐王，尚南阳长公主。宝夤耻与夷人同列。令公主启世宗，求入城内。世宗从之，赐宅于永安里。（《洛阳伽蓝记》

卷三"城南归正寺")

关于萧宝夤最初获宅的"归正里",《洛阳伽蓝记》记载详细:

> 伊、洛之间,夹御道有四夷馆。道东有四馆。一名金陵,二
> 名燕然,三名扶桑,四名崦嵫。道西有四里。一曰归正,二曰归
> 德,三曰慕化,四曰慕义。吴人投国者处金陵馆,三年已后,赐
> 宅归正里。(《洛阳伽蓝记》卷三"城南归正寺")

归正里是国外亡命人员聚居的场所。

同样态度还见于与萧宝夤一同亡命北魏的张景仁。

> 景明年初,从萧宝夤归化,拜羽林监,赐宅城南归正里。民
> 间号为吴人坊,南来投化者多居其内。近伊洛二水,任其习御。
> 里三千余家,自立巷市,所卖口味,多是水族。时人谓为鱼鳖市
> 也。景仁住此以为耻,遂徙居孝义里焉。时朝廷方欲招怀荒服,
> 待吴儿甚厚,褰裳渡于江者,皆居不次之位。景仁无汗马之劳,
> 高官通显。(《洛阳伽蓝记》卷二"城东景宁寺")

从南朝逃奔而来的张景仁认为居住在其他亡命者聚居的归正里是一种
耻辱。归正里的南人形成了独自的市场,再现了江南的饮食,而这被
华北"时人"视为异象。所谓的萧宝夤"耻与夷人同列"的"夷人"
不单指外国人,而是特指来自南朝的亡命人员。这显示出他从亡命伊
始就没有对亡命者集团有归属意识。

如上所述,萧宝夤和张景仁自身与以血缘、府主府佐关系连结在
一起的亡命者集团之间划清了界限。另一方面,如张景仁相关记载中

的"时朝廷方欲招怀荒服，待吴儿甚厚，褰裳渡于江者，皆居不次之位"，在官职上优待南朝来投人员的措施也因太和末至景明年间大量投奔者的涌来而渐渐难以为继。

萧宝夤与北投南人保持距离，而与他态度相反的是前文中出现过的裴植。裴植的母亲是亡命者夏侯道迁之姊，渡北后依然保持着南朝的生活习惯。后文将述，裴植在权利斗争中失败被杀。为了挽回他的名誉而上诉的"故吏"中有刁冲，刁氏是代表性的亡命氏族。可见裴植与亡命者集团关系密切。裴植身为度支尚书、金紫光禄大夫，毫不掩饰对非汉族的蔑视。本传记载了他侮辱蛮人出身的田益宗。

> 又表毁征南将军田益宗，言华夷异类，不应在百世衣冠之上。率多侵侮，皆此类也。侍中于忠、黄门元昭览之切齿，寝而不奏。（《魏书》卷七一《裴植传》）

从北族出身的于忠、宗室元昭等人表现出强烈不满来看，他们认为裴植上表的贬抑对象不仅是田益宗，还包括了北族的于氏、元氏。结果抱有煽动胡汉对立想法的裴植最终迎来被掌权者于忠肃清的结局。

景明元年（500），裴植的长子裴昕南叛，裴植本应坐大辟，但是诏书称"植阖门归款，子昕愚昧，为人诱陷，虽刑书有常，理宜矜恤。可特恕其罪，以表勋诚"，赦免了他的罪责。延昌四年（515），裴植又因亲族皇甫仲达谋反连坐被捕。于忠欲矫诏用刑，当时的诏书指责严厉："凶谋既尔，罪不合恕。虽有归化之诚，无容上议，亦不须待秋分也。"（《裴植传》）前后诏书显示出的态度截然相反，在言及裴植归顺的功绩时，前者的态度是虽罪当诛，但因投诚而赦免罪责，后者却正因亡命人身份而更加不可饶恕。

不仅刑罚有变，对亡命者仕任的优待也逐渐减少。与裴植同时来投的王世弼投奔伊始就被任命为冠军将军、南徐州刺史，又转东徐州刺史。其后虽因弹劾一时停职，亦被赦免，起复为太中大夫、征虏将军，将军号和实职均有上升。但是，此后被迁河北太守、渤海相，到孝明帝正光年间以后，虽然将军号升到平北将军，实职却被降为郡太守一级的中山内史。

> 寻迁中山内史，加平北将军。直阁元罗，领军叉弟也，曾行过中山，谓世弼曰："二州刺史，翻复为郡，亦当恨恨耳。"世弼曰："仪同之号，起自邓骘；平北为郡，始在下官。"（《魏书》卷七一《王世弼传》）

曾经官居刺史，将军号是平北将军（三品）高位的王世弼，一旦落为中山内史，当时权臣元叉之弟元罗称他"亦当恨恨耳"。虽然从将军号来看，原来"褰裳渡于江者，皆居不次之位""的情况还在继续，在实职方面的优待却逐渐式微。

四、结　　论

自北魏建国以来直到孝文帝汉化政策实施，来自南朝的亡命者对于北朝汲取南朝文化、制度，强化皇帝权威是必要的。即使华北汉族、元魏宗室对亡命者的忠诚抱有怀疑，但因亡命者的有用性而一直受到优遇。

孝文帝改革优待亡命者集团是因为他们在很大程度上依存于皇帝、国家给予的恩惠，他们与皇帝、宗室的利害一致。与乡里联系薄弱，依靠俸禄依附皇帝的亡命者正可谓是矢野主税主张的"寄生官僚"。[①]

然而，亡命者府佐的构成自刘昶、王肃活跃的太和末年到萧宝夤正光五年出镇关西的二三十年间发生了巨大变化。从萧宝夤、张景仁为了避免与亡命者集团联系而要求迁居来看，新近北投的南人逐渐不再参与孝文帝以前就形成的来投南人集团。另外，来自南朝的亡命者也渐渐不再像以前那样受到官职上的优待了。我认为，这些现象暗示了随着孝文帝"汉化政策"的实施，北魏逐渐失去了利用南朝出身者集团的必要性。不过，具体到孝文帝改革的哪些部分，又如何使这些人丧失了他们的"南朝出身者"身份呢？本文将暂且搁笔，以此作为今后的课题。

（本文作者为日本皇学馆大学文学部准教授
本文译者为日本樱美林大学非常勤讲师）

---

① 参见矢野主税《门阀社会成立史》，国书刊行会，1976 年。

金元时期的稷山段氏
——11 世纪到 14 世纪山西汾河下游地区的 "地方士人" 的延续与变化[*]

饭山知保

问题点——金元交替时期华北地区的 "地方士人" 的延续

从北宋末期到南宋时期，在以江南为中心的中国本土（China proper）的南部，史料所称的 "士人" "士子"，即官学生、科举考生等地方知识分子会获得司法上的习惯上的特权，于是他们可以以地方领导阶层的身份扩大势力，同时社会上对 "士" 的规范的讨论也愈加热烈。[①] 所谓 "地方士人"，本是现代学者对当时的地方知识分子的称谓，他们的关系网络以及社会地位经过蒙古人的统治也得到了传承，[②] 随着保举制度和国子监科举制度的确立和实施，朝廷提供

* 本文原载于《宋代史研究会报告集》第 9 集《宋代中国の相对化》，汲古书院，2009 年。

① 参见高桥芳郎《宋代の士人身份"》，（《史林》69-3，1986 年，后编入《宋—清身分法研究》，北海道大学图书刊行会，2001 年）；中砂明德《士大夫のノルム形成》（《东洋史研究》54-3，1995 年）等资料。

② 村上哲见《弍臣と遗民—宋末元初江南义人の亡国体验について》（《东北大学文学部研究纪要》43，1993 年）；萧启庆《元朝科举与江南士大夫之延续》（《元史论丛》7，1999 年）；森田宪司《碑文からみた宋元交替时期庆元の士大夫》（《奈良史学》17，1999 年。后编入《元代知识人と地域社会》，汲古书院，2004 年）。

了以儒学修养为基础的仕途。[①]

笔者对同时期的华北地区做过一些考察，[②] 弄清了以下的事实。金初战乱时期，河南、陕西等地的地方士人遭到了极大的打击。不过，虽然经过了从契丹（辽）/北宋时期到金代的改朝换代，但考生参加科举考试的积极性丝毫没有减弱，从这一点可以看出，女真人基本上继承了北宋的科举与学校制度，地方士人得到了很大的发展，甚至在考生数量上超过了北宋时期。由于猛安谋克制度行不通，中下层的女真人面临经济以及社会的困难，他们也报考科举。关于后来元代的科举，有关进士的事例收集、元代独特的户籍制度"儒户"、汉人世候、元代朝廷统治下汉人知识分子所起的作用、考中进士者的门第、晋升以及他们的文学活动方面，已经有很多先行的研究了。[③]

然而，考察元代华北"地方士人"时，最基本的问题是金代地方士人的延续问题。上述研究对这一问题还没有明确的见解。自 11 世纪到 14 世纪，科举的应考者人数在金代章宗朝达到了顶点。进入元代，考生人数减少到四分之一以下。[④] 据各种《登科录》记载，恢复

---

① 樱井智美《元代集贤院の设置》（《史林》83-3，2000 年）；宫纪子《程复心〈四书章图〉出版始末攷—大元ウルス治下における江南文人の保举》（《内陆アジア语言の研究》XVI，2001 年。后编入《モンゴル时代の出版文化》，名古屋大学出版会，2005 年）。

② 参见拙稿《金初华北における科举と士人层—天眷二年以前を对象として》（《中国—社会と文化》19，2004 年）、《金代汉地社会における女真人の位相と"女真儒士"》（《满族史研究》4，2005 年）、《科举·学校政策の变迁からみた金代士人层》（《史学杂志》114-12，2005 年）、《杨业から元好问へ——○～一三世纪晋北における科举の渗透とその历史的意义》（《东方学》111，2006 年）。

③ 关于元代科举制度及其相关联的研究，参见渡边健哉《近年の元代科举研究》，《集刊东洋学》96，2006 年。有关儒户、儒人の研究参见拙稿《元代汉地社会における儒户》，富士ゼロックス小林节太郎记念基金，2007 年，第1—2 页。

④ 参见拙稿《女真·蒙古统治下华北における科举应试者数》，《史观》157，2007 年。

科举制度后，华北地区的合格者中，通常军户、民户出身的考生人数多于与金代地方士人关系密切的儒户。① 当然，非儒户的金代士人也为数不少。这一现象说明，在没有科举考试的时代，金代地方士人的几代人经历了不少坎坷。

但是，除了局部地区的县级地方的事例研究，② 蒙古人入侵华北时引发动乱，在那样的社会背景下，金代地方士人在多大程度上有所变迁、得以传承的问题，还没有任何实证性的研究。

遗憾的是，用具体的数据来论证金代地方士人向元代的延续，由于史料有限，几乎是不可能的。在金代，山西汾河下游地区进士辈出，稷山县段氏家族在元代也坚持"以儒学为显姓"③的立场，此篇论文将通过分析段氏家族成功的背景，在考察其他上层名流的基础上，分析华北地方士人在金代到元代时期是如何维持自身势力的。

一、汾河下游地区的地势特征和北宋时期的稷山段氏

在现代，一般把汾河流域分成三段。① 从源头流经吕梁山脉至太原兰村。② 从太原兰村到洪洞石壁的平原地带。③ 从洪洞石壁到万荣黄河河口，姑射山和乌岭山、中条山脉之间的平原地带（参见地图）。在唐宋时代，①地区与北方游牧民族势力的区域接壤。②、

---

① 萧启庆《元朝多族士人圈的形成初探》，《元朝史新论》，允晨文化实业公司，1999年，初出《第二届宋史学术研讨会论文集》，中国文化大学，1996年；《元代科举与精英流动：以元统元年进士为中心》，前揭《元朝史新论》，初出《汉学研究》51，1997年。

② 拙稿《金元代华北社会における在地有力者—碑刻からみた山西忻州定襄县の事例》，《史學雜誌》112－4，2003年。

③ 《榘庵集》卷六《段思温先生墓志铭》："段氏世县晋宁之稷山，以儒学为显姓。"

据谭其骧主编《中国历史地图集》第七册《元明时期》
(三联书店,1992年,第9—10页)绘制

③区域则是农耕地带，也是由山西通往陕西、河南的交通要道。这一带从唐代起有许多望族兴起，北宋时成为华北屈指可数的进士辈出的地区。① 即使在女真人与蒙古人统治时期（以下称"金元时期"），③地区留下的相关史料也最多。由于史料关系，本论文将③地区称为"汾河下游地区"，把它设为主要考察对象。

　　段氏家族的据点稷山县位于汾河下游，与平阳府（元代的晋宁）、河中府（河津）同属人口密集的绛州，处于汾河沿岸的交通要道。据《山右石刻丛编》卷二二《段季良墓表》，段氏的始祖是定居在北宋稷山县的"司理参军"段应规（以下参见"稷山段氏家谱"）。此人居住在县城附近，他的家族集聚的地方叫"司理庄"，土地代代相传，可见在稷山县曾是望族。② 大概在应规的第四子孙的世代，他们开始从经营田地的收入中拿出学费，看好子孙管理财产的能力，让有希望的子弟去参加科举考试。③ 据段季良墓表，第五代子孙（北宋末期）有一个叫段整的成功考上了太学，被朝廷任命为知太平县事。④

---

　　① 参见 John Chaffee, *The Thorny Gates of Learning in Sung China: A Social History of Examination*, Albany : State University of New York Press, 1995, Appendix3。

　　② "降及前宋，则我司理参军出焉。参军讳应规，乡于绛之稷山，门族蕃大，连甍接闬，相望屹然，邑人号司理庄以别之。尔后埋光种德，疆畎相承，不替其绪者累叶矣。"

　　③ "四世孙季良，字公善，乃故赠中奉大夫武威郡侯矩之父也。故华州防御使铎之祖也。昆季五人，兄曰季先、季亨，弟曰季昌、季连，侄五人，彻、整、衡、术、衎，量材授事，各有所主。或私门干蛊，或黄宇治经，俾皆不失其性分。……人有劝其仕进者，笑而不答，私谓所亲曰：丈夫居室，岂能以太仓一粒为人所役哉。姑山之阳，汾水之曲，世有善田数顷许，足以香祭祀，供甘旨，备岁时伏腊之礼，给子孙诗书之费。"

　　④ "季亨之子整，与宾贡之书，升于太学。绛之距汴，不啻千里。始我往矣，琴书仆马，无不毕备。及至之日，津遣以时，俾忘倦游。整亦不负叔父之志，晓窗夜烛，克尽其业，为时闻人。……后以文艺擢知太平县事。"

稷山段氏家谱

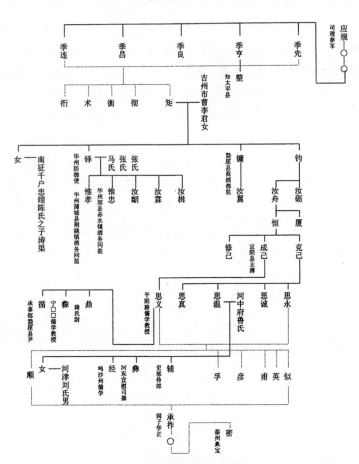

据《山右石刻丛编》卷二二《段铎墓表》《段季良墓表》《段矩碑》《二妙集》
《二妙集序》《河东段氏世德碑铭》、《国朝文类》卷五六、同治《稷山县志》
卷八《段氏阡表并铭》、《渠庵集》卷六《段思温先生幕志铭》、《吴文正公集》
卷六八《元赠奉议大夫骁骑尉河东县子段君墓表》、成化《山西通志》卷一五
《赠太平尹西溪先生段君墓志铭》、乾隆《稷山县志》卷五《人物志》制作

这个段整是司理参军应规的第五代子孙，也是继应规以后稷山段氏第一个当官的人物。没有准确的年代记录，根据家谱推断，他考上太学时，正是北宋末年，大约是朝廷实施了三舍法的宋徽宗时代。虽说段家没有中举者，但与爱宕元氏研究的临淄麻氏①一样，它们都有在州县做官的始祖，都是出身大地主的官僚，可以说是北宋华北地区新兴官僚家族的一个典型。

但不久后北宋灭亡，段整也就从史料上消失了。随着这段光荣历史的消逝，段氏的金元时期的历史帷幕拉开了。

二、女真人的统治时期和金代的段氏

靖康之变时金军的行军路线是这样的。金军占领太原后，又攻下潞州、泽州，穿过太行山脉的险路到达黄河北岸。天会六年（1128）2月，汾河下游的主要城市河中府陷落。同七年二月，平阳府（晋宁军）被攻破。②以后没有发生大规模战斗，汾河下游较快地落入金军的手中。

这期间，克服北宋末期的种种困难，稷山段氏家段整的后代也继续应试。上一章所述的太学生整的堂弟矩（1097—1133）的三个儿子中的钧与铎（1130—1201）因为在科场的名声，在京师被称为"稷山二段"。③均虽然早逝了，铎在正隆三年（1158）考上了进士第五名，后来任中奉大夫华州防御史，在任期间离世。铎的二哥铺与其子汝翼

---

① 参见爱宕元《五代宋末の新兴官僚—临淄麻氏を中心として》，《唐代地域社会史研究》，同朋舍，1997年，初出《史林》57-4，1974年。

② 参见《金史》卷三《太宗本纪》从天会六年至七年记录。

③ 《山右石刻丛编》卷二二《段铎墓表》："已与兄钧同游场屋，□□争先振华发藻，难弟难兄矣。都人呼为稷山二段，其声价有如此者。"

因铎的恩荫被任命为县商酒同监，段铎的五个儿子中汝楫、汝霖、汝劂短命，而惟忠、惟孝都做了县商酒同监。

铎的下一代里没有再出进士，孙子代也"皆业诗赋，屡达廷试"，[①] 但还是没有人考中进士。曾孙代的克己（1196—1254）和成己（1199—1279）在正大年间（1224—1231）相继考上进士。在金代一个家族出了三名进士，这在华北也算少见的例子。

关于中央官场的人际关系，李愈（《段季良墓表》《段矩碑》）和张万公（《段铎墓表》）等大名鼎鼎的文官做了与段氏有关的墓表的撰写人，另外，赵秉文高度评价段克己、成己兄弟诗赋方面的文采，称之为"二妙"，[②] 这里也显示了与北宋时期的截然不同。

大定年间（1160—1189）以后，在金国积极建设、扩展科举、学校制度的政策下，汾河下游地区出现了不少通过科举应试而兴族的事例。段家附近有绛州正平县的李愈，与上述段铎几乎同一时期（正隆五年，1160）考诗赋科中了进士。[③] 此外，在相关史料中，汾水下游地区有许多家族积极让自家的子弟应考。稷山县陈氏代代务农，陈规师事乡塾，升到州学，明昌五年（1194）考中进士，被任为中议大夫中京副留守。[④] 在金代华北，汾河下游地区本是进士辈

---

① 《山右石刻丛编》卷二二《段矩碑》："孙五人，曰夏，曰恒，尤为翘楚者，皆业词赋，屡达廷试。"

② 同治《稷山县志》卷八《段氏阡表并铭》："克己、成己之幼也，礼部尚书赵公秉文识之，名之曰二妙。"《渠庵集》卷六《段思温先生墓志铭》："初未奏名，既谒礼部赵公某，使诵所业赋，公嗟愕久之，起书'双飞'二大字以赠。"

③ 《金史》卷九六《李愈传》："李愈，字景韩，绛之正平人。业儒术，中正隆五年词赋进士第，调河南渑池主簿。"

④ 《山右石刻丛编》卷二五《陈规墓表》："曾大父某，大父某，父密，皆畜德不耀，晦迹农亩。公贵赠大父某官，父中议大夫。中议公娶梁氏，生三子，长曰精，其季即公也。幼童迟不与余兜群，始知读书，月开日益，不烦戒饰。乡先生崔邦宪教以课试法，无几何时，进业出诸生右。始任戴冠，补州学生。提举学校田彦实，以艺学闻天下，识公为远器，征登其门，俾诲其子。年廿有四，擢明昌五年进士第。"

出之地，① 在洪洞县，当地有志之士共同出资建设藏书楼，购置经、史、子以及字学方面的书籍。② 这个地区的地方士人没有少于北宋时期，在金代得到了扩大。其中，稷山段氏算最为成功的一族。

三、蒙古入侵与当地望族阶层的再建

自 1211 年蒙古入侵以来，汾河下游成为蒙古人和金国相争的对象，多次展开军事行动。到 1220 年代中叶，蒙古军队基本上占领此地区，闻喜县驻扎许兀慎部的塔察儿 Taγacar，③ 还有准备出兵四川、河南方面的部队也驻扎在汾水下游地区。④

在这段时期，宋金时期以来当地的望族阶层明显地没落，在金代曾经家出进士而兴旺的士人家族，由于动乱，几乎都从史料上销声匿迹。例如《山右石刻丛编》卷二五《陈规墓表》[至元十一年（1274）立石] 上，记录着金末元初的情况："平昔著述、谏稿，乱后所存无几，独其始终大节，表表在人耳目者如此。配颍川郡君苏氏，先公卒，赵氏没于乱。苏氏三子，男一人，汴，至燕而亡。女二人，长嫁宁氏子南容；次嫁燕人赵遵周，遵周卒，为女冠师，今葬公者是也。二侄知柔、知刚，早以公荫仕，相次以没。"

现在，分布于晋南（临汾、运城）地区的北宋以来所建造的许多

---

① 参见拙稿《科举・学校政策の变迁からみた金代士人层》，第 6 页。

② 参见《金文最》卷二八《藏书记》。

③ 参见松田孝一《河南淮北蒙古军万户府考》，《东洋学报》68‐3，1987 年；堤一昭《元代华北蒙古军团长的家族》，《史林》75‐3，1992 年。

④ 《甘水仙源录》卷六《栖真子李尊师墓碑》："时方进取，国制未定，戎马营屯星散汾、晋间，劫攘财物，戕害人命者，在所有之，有司莫敢谁何。岁庚寅，太宗皇帝南伐，……"

木构砖室的地下坟墓的建造最盛时期，最晚应在金末元初。① 例如，稷山县马村的"稷山金墓"是具有一四玄室的晋南最大规模的宋金地下坟墓，这个坟墓最后的建造时期也是金代后期。② 这也显示，宋金以来这个地区的当地望族由于蒙古的入侵蒙受了很大的影响。

但是，另一方面，许多其他家族顺应蒙古统治的新制度，史料上出现了很多关于他们的记载。为了便于理解，本章首先将现存史料中所见的蒙元时期汾河下游的官宦家族的仕途方式分四类加以分析。

类型A 归依蒙古被授官职的家族

有许多金末的军官或统领当地武装集团的家族归依了蒙古，这种情况汾河下流地区也为数不少。元朝控制了根据地周边的地方官职，禁止汉人军阀继承民官职位，尝试让军官从军远征南宋，或任吏职保持其官位。以下是汾河下游地区史料的记载例。

① 靳氏（曲沃；《山右石刻丛编》卷二六《绛阳军节度使靳公神道碑》、成化《山西通志》卷一九六《靳孝子墓碑》）

② 史氏（河津；《二妙集·故河津镇西帅史公墓碣铭》）

③ 杨氏（翼城；乾隆《翼城县志》卷二八《杨县尹墓表》）

④ 陈氏（河津；乾隆《韩城县志》卷一二《元韩城尹兼诸军奥鲁陈公墓塔铭》）

⑤ 张氏（石楼；《归田类稿》卷一二《晋宁张氏先茔碑铭》）

⑥ 徐氏（平阳；《山右石刻丛编》卷二七《故河东南路提举常平仓事徐君墓碣铭并序》、《黄文献集》卷一一《御史中丞赠资政大夫中

---

① 参见山西省考古研究所编《平阳金墓砖雕》（山西人民出版社，1999年）《绪言》。

② 参见山西省考古研究所《山西稷山金墓发掘简报》，《文物》，1983年。

书右丞护军追封平阳郡公谥文靖徐公神道碑》)

⑦ 程氏（洪洞；《秋涧集》卷五六《平阳程氏先茔碑铭》)

⑧ 张氏（晋宁；《金华黄先生文集》卷三八《嘉议大夫武昌路总管致
仕张公墓志铭》)

⑨ 郑氏（石楼；《侨吴集》卷一一《石楼郑氏先德碑》)

其中，②河津史氏算一个典型的例子。归依了蒙古后被任命为镇西帅
的史千世的四个儿子，分别就任浮山令、河津令、河津诸军奥鲁、监
河津课等本地附近的官职。不过，即使有机会归依蒙古，也并不能保
证在元代其地位一直保持安稳。例如⑤石楼张氏，有在金代做镇西副
元帅的祖父的张大亨，在元代做了石楼县尹，但其子禄没能继承父
职，在晋宁路史任上早逝了。禄的侄子德聚出任詹事院掾以后，有机
会侍奉皇太子爱育黎拔力八达 Ayurbarwada，皇太子即位后，连升到
奉议大夫、礼部侍郎，此后委托张养浩为他撰写墓志铭。

　　另外，投靠蒙古人的当事人死后，其官职和权益的继承并不见得
能得到保障。⑦洪洞程氏家有个叫程玉的，其父亲是金末摄行洪洞县
令，程玉在壬午（1222）年投靠蒙古，攻陕西时从军，总西京工匠。
但由于程玉早逝，这个家族就失去了既得的官职。

　　然而程玉的遗子瑞隶属昔列门 Širemün 的帐幕，在贵裕 Güyükü
与蒙哥 Möngke 统治时期，在襄汉当了互市官。据其先茔碑记载，他
在 1259 年参加进攻鄂州时立了功，先任忽必烈 Qubilai 的厨房管理
官，后升至武略将军、同知南阳府事。

　　这样一来，即使是顺利归依了蒙古，济南张氏等大军阀的情况也
属于特例，大多数的前途还是不稳定，若要多出做官的，需要尽力打
通上面的关系。⑥平阳徐氏是具有代表性的成功例子。己卯（1219）
年徐氏归依蒙古，许玉被任命为元帅府都提控，河东南路提举常平仓
事，其子德举当了尚书省掾，在太原路盐做使司提举。德举的儿子毅

(1254—1314) 弱冠之年就当了□□掾，同知檀州事时，因忽必烈得知其名，当了监察御史，连升至金枢密院事。后来，受皇太子爱育黎拔力八达的赏识，太子登基后被任命为江南行台侍御史、资善大夫、参议中书省事。其子宗义，大概是靠父亲的人脉当了官，现有资料可知其曾任亚中大夫、衡州路总管。

类型 B　从做使吏走上仕途的家族

由于金末的战乱，虽没有顺利归依蒙古人得到官职，但到 13 世纪末，冗官问题也没有激化，吏职可以升到中级以上的官职。[1] 下面是属于这个类型的一个家族。如前所述，这个类型以外的家族，也有很多从吏职走向仕途的。

① 崔氏（绛州翼县；《申斋集》卷九《湘阴知州崔架之墓志铭》）

崔栋（1264—1334）在弱冠之年就当了江西钞提举司、行泉府司理问所的吏员，历任提控富州安福州抚州路案牍、大都人匠都总管府留守司少府监知事以及州同知后，以奉议大夫天临路湘阴州知州致仕。其长子思诚先后做了国子生和承事郎、番禺县尹。

崔栋作为地方官衙的吏员走上了仕途，如果他做了中央官衙的吏员，对以后晋升的速度和形成关系网有利。[2] 为此，正如下面所举的民国《潍县志》卷四一《故高公墓志铭》那样，特意前往大都谋求吏职的事例，多见于元代的史料中。

> 北海高君照磨于淮安路之明年，请于余曰：……吾家世力
> 农，不乐仕进。今世道升□，□官者多贤俊，苟无人焉，将何以

---

[1]　参见牧野修二《元代勾当官の体系的研究》（大明堂，1979 年）"结语"。

[2]　参见前揭牧野《元代勾当官の体系的研究》，第 167—179 页。

大门间而庇宗族乎？于是备资装，遣余诣京师，习吏事。以次转大都路吏，进□州吏目，满以将仕佐□授今职。

在蒙元时期初期，没能和蒙古王侯建立关系的家族，通过做吏职走上仕途，是做官比较常见的途径。这样的求职活动所获得的吏职，就其形态而言，和下面的 C 类型有着密切关系。

类型 C　　凭借官场关系做官的家族

看来，这个类型是蒙元时期人们最追求的仕途之一。很多人为了寻求好的关系进京。《道园学古录》卷二〇《王伯益墓表》［大名王伯益（1266—1313）的墓表］中有如下详细记载，从中可见凭借官场关系做官的实际情况。

伯益名执谦，大名人。生数岁，入乡校，旬月中，已能习尽群儿所读书，问难其师。……因劝其父某，送诣郡学，未数月，又绌其同舍生，如乡校。及长，其父资之游京师，时中书平章卜灰木、翰林承旨唐公有重名当世，以人材为己任。一见伯益，皆曰："奇材也。"不敢以进用常秩浼伯益，将言于上择馆阁优重地荐之。久之，不得如二公志。尚方符宝典书，满三年，当得四品官。即以伯益为符宝典书三年，竟不得四品官。二公相继去世，无为伯益言者。柳唐佐为言于张子有平章，平章事隆福宫，最贵近，而雅好文士，礼伯益为上客，留署其府为徽政院照磨。调真定录事、陵州判官，改将作院照磨。

同时代的史料批判这些和蒙古王侯及高官拉关系当官都属于"侥幸"，而在汾河下游地区，也有五个同样的事例。

① 姚氏（稷山；《秋涧集》卷五一《大元中奉大夫参知政事稷山姚氏先德碑铭》、《山右石刻丛编》卷三四《姚忠肃公神道碑》、乾隆《元文类》卷六七《大都路总管姚公神道碑铭》）

② 李氏（绛州月城塞；《道园类稿》卷四五《河东李氏先茔碑》）

③ 杨氏（洪洞；《山右石刻丛编》卷三七《赠平阳万户翼千户杨公墓碑》）

④ 曹氏（平阳；《道园类稿》卷四七《曹同知墓志铭》）

⑤ 陈氏（平阳；《雪楼集》卷二一《故平阳路提举学校官陈先生墓碑》《故河东两路宣慰司参议陈公墓碑》、《松雪斋文集》卷九《故嘉议大夫浙东海右道肃政廉访使陈公碑》）

① 稷山姚氏是最早的靠推荐当官的成功例。据说在北宋时期，这个家族曾经出过绛州观察判官，但后来就没有人做官。到了蒙元时期，姚天福（？～1302）被推荐到怀仁县当了吏，蒙哥治世时忽必烈偶然访问怀仁，由于姚天福斟葡萄酒斟得好而受到了赏识，被纳入宿卫。并在至元年初起做了怀仁县丞，被丞相塔察儿看中。至元五年（1268）被提拔为御史台架阁库管勾兼狱丞，之后他平步青云地升到监察御史、各地的按察使、肃政廉访使、行省参知政事等显赫的官职，最后一直升到通奉大夫、参知政事、行京尹事，他的三个儿子也都做了官。

　　稷山姚氏很幸运遇到了大汗的弟弟访问当地，通常情况是如前面提到的《王伯益墓表》所记载的那样，是通过上京师活动而成功的。

④ 平阳曹氏家的曹章，在中统年初去京师游玩，过程虽然不明，但资料显示他最后得到了平阳医学教授的职位。其儿子天锡先做湖南宣慰使元帅府掾，最后授承务郎、福州永福县尹。天锡的长子宪（？—1343）做广东帅府奏差，后以武德将军、同知松江府事致仕。通过关系和出任吏职两个途径，这个家族得以代代为官。

还有，③洪洞杨氏家族直到 14 世纪初没有做官的，杨温（1269—1347）在江淮川蜀做商业活动后，进了大都，在其孙子里选了"卓越者一人"，对其进行"筮仕之方"的指导。其结果是，他的孙子德明进了"宿卫"，多年后被任命为忠翊校尉、杭州上都翼千户。

通过打通与官员的关系做地方官的也为数不少。②绛州李氏的李安生，至元七年（1270）占籍闻喜，他成为平阳达鲁花赤的札剌儿的"客"。安生的儿子英（1244—1288）被河东宣慰使任命为稷山税务大使，后来转任绛州税务提领（在任期间离世）。这种情况，平阳达鲁花赤方面的关系可能对李英的仕途有着某种影响。李英曾为别人向州达鲁花赤借款担任保人，为此他几乎失去了全部财产。在困难的情况下，其儿子思敬十二三岁时师事绛州的贾茂之，选择了进京游学的道路。大概是期望打开官场的关系走仕途，但他并没有获得成功。延祐丙辰年（1316）陕西发生兵乱，他考虑到照料老母而回乡。他的孝廉受到了好评，后来由于监察御史的推荐被任命为河东肃政廉访司令史，继而升至监察御史。这个事例显示出当时的人们为了获得更好的官位而进京打开官场上的关系的一种倾向。

类型 D 受蒙古王侯的委任而做官的家族

蒙元时期，汾河下游地区分布着安西王的权益地带（解州的盐利等），①也存在在那里的管理机构做事的例子。

① 樊氏（临晋；《山右石刻丛编》卷三一《樊氏先茔之记》）

关于这个家族，并没有在金代以前出过官吏的记录。樊玉

---

① 参见松田孝一《元朝的分封制—安西王的事例为中心として》，《史学杂志》88‐8，1979 年，第 64—69 页。

（1222—1289）在忽必烈治世在转运司做官。虽然具体官职不明，但资料显示"尝被漕司檄主巡解盐禁□，至勤敏谨称"。并且可能由于其父和盐池（安西王的权益地之一）的关连，他的儿子珪受命于安西王，被任命为吉州路人匠提举，延祐元年（1314）被任命为忠翊校尉，管领崇庆等处怯怜口民匠长官。

综上所述，进入蒙元时期后，仕途形式变化急剧，朝多样化、多歧化发展。下面将从这个角度出发，考察在这样的状况之下稷山段氏是如何保持其名声和威望的。

四、元代的稷山段氏

在稷山段氏一族中，在金末考中进士的克己和成己没有在蒙元时期做官。克己死后，他的后代在成己的教育之下也出了官僚（其中有辞官者）。克己的次子思诚在大德八年（1304）受到承旨阎复的推荐，被推举为河中府儒学教授，但是他推辞了。安西王忙哥剌 Mangɤala 要任命克己的三儿子思温（1239—1288）为记室参军，他也推辞了。成己的儿子思义（1241—1306）在大德八年，也得到阎复的推荐，就任翼宁路儒学教授，其后迁到韩城专心做学问。大德八年，思真（具体的血缘关系尚不明了）在国史院任职，也许在那时他结识了阎复，阎复访问了"河东文献故家"段氏，推荐思诚和思义担任上面提到的官职。从他离世那一年推算，思义在任的期间满打满算也不足一年，很难想象他正式履行了公务。估计他是为了显示名声，只在名义上接受了那个官衔而已。思诚的推辞，是否是对同一职位的推辞呢？但思温推辞安西王忙哥剌的背景不甚明了。

克己、成己的孙子辈的人，思温的儿子辅先做了应奉翰林，后来历任西台御史、南台御史、中台御史、金燕南河北道肃政廉访司事，国子司业、太常礼仪院判官。思义之子孚、彝、循也在辅的关照下各自被任命为猗氏县尉、宁□□儒学教授、蝥屋县尹。到了曾孙那一代，承祚入学国子监，就任国子学正。在元代，稷山段氏继金代之后官员辈出的背景有以下诸多因素。

A 在元朝的军阀及地方官僚的庇护之下

在克己、成己二人的文集《二妙集》中，赠诗文的对象大部分或是身份不明，或是医生，其中最引人注目的，是有三处出现的"总管李侯"和"万夫长李侯"。

这是指参加蒙古军队进攻金国的初期战役、在 1220—1230 年代镇守平阳的李氏兄弟 [李守忠、李守贤（1189—1234）：平阳知府；李守正：河东南路兵马都元帅]。正如东平严氏、泽州段氏那样，蒙古人统治华北的初期，汉人军阀里有一些为那个地区的学术复兴尽力的事例，① 平阳的李氏兄弟也是如此。据《榘庵集》卷六《段思温先生墓志铭》所记录："万户晋宁李侯，迎菊轩（成己）辟馆授徒，学者四集。"又如成化《山西通志》卷十五《赠太平尹西溪先生段君墓表》有这样的记录："国初，郡侯李姓者，迎菊轩辟庠北廊，而遂为家。"综上所述，平阳的李氏兄弟是稷山段氏兄弟特别是成己的庇护者。

可以推断，战乱中其他士人家族都处于没落状态，而稷山段氏受到当地权势者的庇护，度过动乱时期，为保持"以儒学为显姓""河东文献故家"地位起了极为重要的作用。成己虽是布衣，他撰述的有关公共建筑物（祠庙、学校）的碑文，在该地区现在也可以见到。朝

---

① 参见陈高华《大蒙古国时期的东平严氏》，《元史论丛》6，1996 年。

廷授予成己平阳提举学校官的职位，① 其第三个儿子思温被安西王忙哥剌辟为记室参军（亲王府正八品的职位）。② 从以上几点可以看出，稷山段在汾河下游地区成功地维持了其名声和地位。

B　从词赋学转向道学

金代的段氏以词赋为生，到了成己的儿子那代，《段思温先生墓志铭》中有这样的记录。

> 先生虽已能读书，通大义，恒恐世学不嗣，感激或至泣下。欲从菊轩卒业，重违温清。母夫人察其意，勉以"好学为段氏福"。菊轩亦嘉其志，乐以启告。先生遂肆力于学，至忘寝食。经史要义，必手籍之。始犹攻辞艺，至是尽弃去，求古圣贤问学之本，究关洛考亭之传。……菊轩深器之，尝曰："是能世吾家者。"

金代科举的主流是词赋科，金代辈出进士的许多家族，都把词赋学作为家学来传承。如上所述，在金代，稷山段氏家也代代学词赋。到了元代，词赋学失去了实用价值，不适应新的环境，于是在许多家族里对词赋学的评价不再像从前那么高，有关这方面的史料也见少。稷山段氏看到段思温的转向，又得到了成己的理解，成功地克服了这

---

① 同治《稷山县志》卷八《段氏阡表并铭》："成己已登至大进士第，主宜阳簿。及内附，朝廷特授平阳提举学校官，不起。"成化《山西通志》卷一五《赠太平尹西溪先生段君墓表》："世皇兴起斯文，玺书即家拜平阳等路提举学校官，竟弗居职。"

② 参见宫纪子《叡山文库所藏「事林广记」写本について》，《史林》91-3，2008年，第26页。

个大变动时期的困境。

C   段思真就职国史院和阎复的推荐

关于前面提到的克己和成己，他们的下一代做官，实质上都是在大德八年时阎复推荐的。在同一年，思真在翰林国史院"隶职"大概是其契机。《赠太平尹西溪先生段君墓表》记录了以下情形。

大德八年，思真隶职国史院，承旨阎文公访河东文献故家。时遯庵有暇已没，以芹溪与先生并荐于朝，皆授校官。故芹溪得河中，先生得晋宁。

虽然记述并不明确，但还是可以从中读出思真出任国史院与阎复的来访之间有某种联系。段思真是翰林国史院的官员，但他的名字在《元史》以及其他史料上见不到，当然也没有后来的履历记载。估计他作为吏在翰林国史院工作，并没有飞黄腾达。他是通过怎样的途径得到了那个职位尚不明了，但我们有理由相信，他或是进京积极进行了求职活动，或是利用自己家的名声找到了合适的庇护人。

总之，向中央官衙里派送自己人在官场里打通关系的方式，极有可能给元代中后期的段氏家带来了很大的影响。

另外，据记载，思真等的下一代段辅是"以文行，选应奉翰林"（同治《稷山县志》卷八《段氏阡表并铭》）而做官的。从记述中可以得知他得到了某种保举或者推举。辅历经应奉翰林院、西台御史、南台御史，延祐三年（1316）12月就任监察御史，[①] 其任职时期应该是一任三年，一说是 30 个月，那就是 1307—1308 年左右。从年代上推算，他的任职与阎复有关联的可能性极大。

---

① 《元史》卷二七《英宗本纪一》："延祐三年十二月丁亥，立为皇太子，授金宝，开府置官属。监察御史段辅、太子詹事郭贯等，首请近贤人，择师傅，帝嘉纳之。"

从以上情况看段氏成功的背景，可以做出以下结论。在元代的史料上，段氏家代代是"学者"的家风得到了赞扬。[1] 但实际上，随着金国的灭亡和蒙古人对华北的统治的扩大，为了保身，段氏随机应变地对应时局的变化，家里很多人都去做官。段辅得以飞黄腾达，他的下一代承祚也入学国子监，虽然没有升官而回乡了，但他作为学官走向仕途的经历算是成功的。

在汾水下游地区，据笔者管见，在金代出了进士，并且到了元朝也辈出官僚的家族，毫无例外地适应了蒙元的新行政制度和仕途形式。[2] 另一方面我们可以推测，没有机会或能力顺应元朝统治的金代士人家族，要度过长达半世纪的战乱、没有一个巩固的中央政府的混乱时代，并且要维系其望族的地位一定十分艰难。

五、科举的恢复及其影响

经上所述，我们认为，金末元初的动乱和蒙元时期新出仕制度的出现，给当地的望族带来了很大的变化。下面我们就来考察一下恢复科举（1313 年）以后的影响。在元代，汾河下游地区的考生和河东的所有考生一起去太原应乡试。规定的录取名额，蒙古人 5 名，色目人 4 名，汉人 7 名。[3] 与上面所讲的出仕途径相比较，明显难度

---

① 同治《稷山县志》卷八《段氏阡表并铭》："嗟夫，昔宋失中原，文献坠地。盖为金者，百数十年，材名文艺之士，相望乎其间。至明道正谊之学，则或鲜者矣。及其亡也，祸乱尤甚，斯民之生存无几，况学者乎？而河东段氏之学，独行乎救死扶伤之际，卓然一出于正。不惑于神怪，不画于浮近，有振俗立教之遗风焉。"

② 上一章列举的类型 C⑤平阳陈氏和稷山段氏一样，这个家族从北宋起就官员辈出，其仕途的形态在北宋、金代是通过科举；在元代是通过推举和从吏职干起的综合形式。可以看到他们对新情况和制度的适应过程。

③ 《元典章·礼部四·学校一》"科举条制"。

很大。

考生都是一些怎样背景的人呢？在这一时代汾河下游地区的资料当中，有以下五个考中进士的例子。

① 赵承禧（至顺元（1330）年及第；晋宁（平阳）出身；《燕石集》卷一三《赵宗吉真赞》、《玩斋集》卷三《送赵宗吉赴河间太守》）

② 许寅（元统元年（1333）及第；临汾出身；《元统元年进士录》、《青阳集》卷三《梯云庄记》、《秘书监志》卷九）

③ 也先溥化（Esenbuqa；元统元年及第；太平出身；《元统元年进士录》）

④ 野仙脱因（Esentoyin；河东县出身；《元统元年进士录》）

⑤ 孙抑（及第年不详；洪洞出身；《元史》卷一九八《孙抑传》）

首先，作为出仕途径的元代科举的最大特色，《至正集》卷三二《送冯照磨序》中许有壬（延祐二年进士）所表述的看法最为详尽。

> 士出门持数幅纸，始终缀文才十一首，即得美官，拔出民上矣。彼辇金舟粟费以万计得一命，寻复夺之，而吾一毫无费也。胥吏辈自执役几转而得禄，少不下二十年始出官，而吾自乡试至竣事才十月尔。则吾之报称，宜何如哉？

科举是通过对考生的儒学水平的考核，在比较明确的基准之上进行选拔的制度。在这个制度下，没有提拔官员之后常见的冗官问题，也不受后台关系左右。考中后马上被任命从六品到正八品（特别的例子里也有正九品）的职位。[1] 之后如果晋升顺利，可以升到相当高的位

---

① 参见植松正《元代江南の地方官の任用について》，《元代江南政治社会史研究》，汲古书院，1997 年（初出《法制史研究》38，1989 年），第 256—259 页。

置。并且，科举初试时，吏员出身的晋升到从七品为止。任期满了以后，对被列为从七品以上的职位的候补者，采取降官衔任命的方式。[①] 当然，一次最多只有 100 名进士，一下子给予他们这么大的特权，明显会给官僚机构带来很大的混乱。至治三年（1323）12 月，对吏员出身的官员的晋升上限虽然升至正四品，[②] 以上一系列优惠措施，无疑刺激了希望出仕的科举考生的积极性。

另外，关于元代科举，不能忽视还存在附带性的出仕途径。首先，科举的初试，对没有通过会试的考生，分别考虑他们的年龄和出身的情况，一律给予从七品致仕、学校官（教授、山长、学正）的职位。对已经出仕的人，采取给予晋升的优待政策。[③] 这虽然是在科举初试阶段的特别措施，但实际上，之后对会试、乡试的落榜者也一直采取这样的救济措施。在至正元年（1341）恢复科举时定成规矩。[④][⑤] 进而可以推测，这样的措施给会试落榜者打开当中央吏员的出仕途径，也开通了做国子监伴读的途径。

于是，即使考不中进士，只要通过会试，虽然只能做下级官僚，也算走上了仕途。这样当官的机会，通常被认为也是一种仕途。[⑥] 上上章提及的平阳曹氏的曹祖仁从"河东乡贡进士"（究竟是指乡试合格者，还是指考生，这一点不详）晋升，被任命为江东肃政廉访司令史，这也是一个例子。

---

① 《元史》卷二五《仁宗本纪》"延祐元年十月乙未"条："敕，吏人转官，止从七品，在选者降等注授。"
② 《元史》卷二九《泰定帝本纪》"至治三年十二月乙酉"条："〔乙酉，〕定吏员出身者秩正四品。"
③ 《元史》卷八一《选举志一》。
④ 《元史》卷八一《选举志一》。
⑤ 参见前揭《元代勾当官の体系の研究》第五章《令史与掾史》。
⑥ 参见王建军《元代国子监研究》，澳门周刊出版有限公司，2003 年，第311—312 页。

总之，虽说没有适当的关系而希望走仕途是很困难的事，但参加科举考试是值得考虑的选择。事实上，从汾河下游地区的事例来看，不见有与高官或蒙古人有关系。从当时的冗官倾向来看，长年做吏员，与其到大都去找关系，不如应考，只要榜上有名，就确确实实地能当上资品官。关于当时的情况，这样推测应该是稳妥的。

另外，即使父辈祖父辈没有当官的，有资格承荫或顶替的通常有一个，二儿子以下的男子如果想要做官，有必要通过其他的途径实现。例如，④野仙脱因的父亲带着武略将军，他本人就是排行老二。考虑到这种情况，完全有可能是这个家族让野仙脱因学习儒学。②许寅也是军人世家，有着同样的经历。加上从13世纪末军人世家晋升机会越来越少的现象显著，军人世家里选择应考科举的情况增多了。

④ 也先溥化是军户出身，曾祖父是□□使，祖父是州同知，但是他的父亲并没有当过官。

由于进士的录取名额极少，并且为复习考试和入学，都需要有雄厚的经济基础。另外还有前面所提到的，对吏员出身的人所采取的晋升限制，如果和蒙古王侯或高官打通关系，那么就可以不受限制地晋升。这样的事例在史料上很多见，所以那项制度基本上是形同虚设。

有关科举考试的实情，在《元史》卷一四二《彻里帖木儿传》里有所记载。就是许有壬在至元元年（1335）展开的关于废除科举的讨论很有象征意义。

今通事等天下凡三千三百二十五名，岁余四百五十六人。玉典赤、太医、控鹤，皆入流品。又路吏及任子其途非一。今岁自四月至九月，自身补官受宣者七十二人，而科举一岁仅三十余人。

可以看出，应考是通往仕途的途径之一，科举的恢复并没有能够再现金代的辉煌。如前所述，元代的科举考生人数是金代的一半以下，此处也可以成为一个佐证。

稷山段氏家没有出进士，但如上一章所述，他们让子弟入国子监学习。或许他们考虑到，先在国子监学到上舍生，只要通过校内选拔考试，就可以免除乡试直接去会试，并且上舍生通过受推举等方式也可以打通仕途。[①] 上国子监的入学资格，或是七品以上官衔的子弟，或是受到三品以上的朝官的推荐。段氏家曾顺利地出过七品以上的官僚（段辅），与其从乡试应考，入国子监明显是考进士的捷径。可见，稷山段氏也在逐渐适应仕途制度的变化。

但是，国子监毕业后就任国子学正的承祚，以给其母养老为由而归乡。后来，段氏一族中再没有以做吏职或凭借关系而做官的。段氏家族的做官的，除了明代洪武年间受稷山县学训导而就任秦州典宝的克己的第五世子孙段密[②]以外，资料上没有其他的事例。为什么承祚突然回了老家？史料上没有关于其理由的描述。总之，在元代，段氏靠官场关系升到五品以上的官员只有一人。[③]情况有可能是这样：阎复离世后，段氏似乎并没有什么可靠的关系，没有获得受推荐资格的承祚这一代以后，由于失去了辈出官员的基础，就没有能够恢复原来的势力规模。[④]

在元代，没有蒙古人或者高官关系，很难保证维持官宦人家的地位。元代盛行凭借关系做官，报考科举的人数一直没有恢复到前朝的

---

①　参见拙稿《金元代华北における外来民族の儒学学习とその契机について—モンゴル时代华北驻屯军所属家族の事例を中心に》，《中国—社会と文化》22，2007年。

②　参见王建军《元代国子监研究》，第294—333页。

③　同治《稷山县志》卷五《人物志·明》："段密，……克己五世孙。洪武中，任本县学训导，升秦州典宝。所著有《衡斋集》。"

④　《元史》卷八三《选举志三·铨法中》。

水准，就是由于人们都在顺应当时的这种风气使然。

结　语

通过本稿的论述，可以得出以下结论。首先，从北宋到金代，在汾河下流地区，虽说发生过女真人入侵和征服的战乱，但这一地区仍然保持了华北屈指可数的、高概率考取进士地区的地位，可见在这一地区地方士人的影响极大。

可是到了金末元初，由于战乱，维护科举制度的金国崩溃，蒙古人的新制度取而代之，带来了仕途多歧化的结果。金代地方士人适应不了一系列的变化，许多金代的士人家族相继没落。随着元朝统治区域的扩大，蒙古人统治下的新兴上流阶层的仕途状况发生变化。

在蒙元时期的当地望族，适应蒙古人统治而走上仕途，从军参加远征南宋、做吏职，打开社会关系，在位下和投下供职等，寻求多样的仕途之道。另外，科举的恢复对华北的望族的影响有限，积极应考的家族及考生的人数和高峰期的金代相比大幅度下降。金元时期一直保持"以儒学为显姓"地位的稷山段氏，也对变化极大的仕途状况做了适当的调整。

关于地方士人的连续性这一点，宋金时期的汾河下游地区，科举考生一直在增多，在金代章宗朝达到了顶点。蒙古入侵后，许多金代士人家族走向没落，到了元代也没有能够恢复原来的势力。金代和元代的地方士人之间存在着明显的断绝，经过这个断绝的时期，延祐恢复科举后，元代的考生数量也没有恢复到金代的水平。

如稷山段氏，与其说是传承了儒学，还不如说是博得了名声，从这一点看，以上的现象并非是儒学教养遭到了否定的结果。元代段氏的经历明确显示，活用儒学教养寻求仕途的道路不只限于科举了。这个状况是由科举制度的相对化造成的。金代与元代的地方士人不只是在家族的构成上，在对谋求仕途的认识上也存在着差异。

以上的见解，在考虑中国南北士人的差异时很有意义。前面反复提到，南宋社会，地方士人享有法律上的优待。而同一时期华北的科举制度中，地方士人则不能享有那样的待遇。[1] 华北与南方的地方士人之间有着不小的差异。

进入蒙元时期后，至少在汾河下游地区，士人应考的积极性大为减退。所以，建立在科举制度之上的优待政策也难以确立。据笔者管见，在同时代的史料中，不存在有关优待习惯的记录。科举制度成为连接朝廷和社会的纽带，科举在社会上成为身份地位的保证和威信的源泉，汾河下游地区这样的"科举社会"在元代就已经消失了。

这显示了蒙古统治给汾河下流地区带来影响之程度，同时也显示，在考察科举制度确立后中原地区的社会结构的变迁时，以南方社会为标准单线式地推想明清时期是困难的。或许，这不只由于明初科举华北士人的弱势背景、学术水准和对参加科举考试的熟练程度的差异，也来自与 11—14 世纪华北与南方之不同的历史原由。可能有必要考虑可能存在的报考者的数量及社会地位的差异等因素。要从这些方面进行考察，有必要在进一步对元代华北的仕途形态做全面的了解以后再加以探讨。这一课题将是今后努力的目标。

（本文作者为日本早稻田大学文学学术院教授）

---

① 参见拙稿《科举、学校政策の变迁からみた金代士人层》，第14页。

古代日本的中央兵力与律令贵族

吉永匡史 著　王博 译

序

　　君主在维护其地位和权力上有多种手段，但最直接和有效的就是掌握兵力，特别是如能将可以迅速集结的中央兵力完全握在自己手中十分重要。而将其置于居住在京师侍奉君主的贵族之侧，令其出任管理京师军事力量的官职，可以说是扩大自身权势从而进一步巩固的一个有效步骤。

　　那么，在古代日本，中央兵力与贵族是何种关系？本文以禁军的五卫府制为中心探讨日唐卫府官制，阐明侍奉天皇的律令贵族与中央兵力之间的关系。[①] 具体而言，首先了解作为中央武力基础的五卫府制，对古代日本与唐王朝卫府长官在名称上差异的意义进行探讨。其

---

　　① 关于古代日本的贵族概念，见本书武井纪子论文《日本古代的天皇与贵族》。本文将大宝律令、养老律令中的"贵"（据《养老名例律》7 六议条注，指三位以上的官员）、"通贵"（据《养老名例律》13 五位以上妾条注，四位、五位的官员），并在经济、刑法上蒙恩遇的奈良时期（8 世纪）的高位官员称作律令贵族。关晃《律令贵族论》（《关晃著作集》第四卷《日本古代の国家と社会》，吉川弘文馆，1997 年。首次发表为 1976 年）专设"贵族的定义"一节加以探讨，提出"就个人而言，五位以上为贵族，就阶层而言，拥有出任五位以上官员的氏族群体为贵族阶层"（第 358 页），笔者也基本认同关氏的见解。

次，探讨 8 世纪前半叶新设立的作为令外的卫府，即中卫府的性质，提出关于中央兵力与律令贵族关系的见解。

一、五卫府制的基本结构

1. 各卫府的结构及基本任务

随着 8 世纪初大宝律令的施行，① 成立了由卫门府、左卫士府、右卫士府、左兵卫府、右兵卫府所构成的五卫府制。如表 1 所示，各卫府基于四等官制（督、佐、尉、志），由武官进行管理和运营。②

表 1　养老令官制中的五卫府人员结构

	卫门府	左·右卫士府	左·右兵卫府
长官	督（1）〔正五上〕	督（1）〔正五上〕	督（1）〔从五上〕

---

① 律实施于大宝二年（702），令实施于大宝元年（701）（《续日本纪》大宝元年八月癸卯条、戊申条；大宝二年二月戊戌朔条）。

② 关于各卫府的组织结构，见《养老职员令》59 卫门府条、61 左卫士府条、62 左兵卫府条。关于五卫府制的大致情况，见拙稿《古代国家の军事组织とその变质》，大津透等编《岩波讲座日本历史》第 4 卷《古代 4》，岩波书店，2015 年），第 117—119 页。

另外，本文所使用的诸史料典据如下。虽然《续日本纪》基本用新日本古典文学大系本，但部分宣命的字句采用了国史大系本。

养老令，日本思想大系《律令》（岩波书店）。

《续日本纪》《日本后纪》《令义解》《令集解》《延喜式》《公卿补任》，新订增补国史大系（吉川弘文馆）。

《续日本纪》，新日本古典文学大系（岩波书店）。

《万叶集》，日本古典文学全集（小学馆）。

《唐六典》，中华书局标点本。

养老律、《故唐律疏议》，律令研究会编《译注日本律令　律本文篇》上、下卷（东京堂出版）。

	卫门府	左·右卫士府	左·右兵卫府
次官	佐（1） 〔从五下〕	佐（1） 〔从五下〕	佐（1） 〔正六下〕
判官	大尉（2）·少尉（2） 〔从六下·正七上〕	大尉（2）·少尉（2） 〔从六下·正七上〕	大尉（1）·少尉（1） 〔正七下·从七上〕
主典	大志（2）·少志（2） 〔正八下·从八上〕	大志（2）·少志（2） 〔正八下·从八上〕	大志（1）·少志（1） 〔从八上·从八下〕
	医师（1）	医师（2）	医师（1）
	门部（200）	使部（60）	番长（4）
	物部（40）	直丁（3）	兵卫（400）
	使部（30）	卫士	使部（30）
	直丁（4）		直丁（2）
	卫士		

备考注：1. （）内为人员数，〔〕内为对等的官位。2. 在大宝令官制中，称呼兵卫府长官为"率"，次官为"翼"。

　　五卫府的长官是督，其官位相当于五位，即便与式部省、兵部省等八省相比，也并非很高。但他们是敕任官，与天皇的联系十分紧密这一点需要特别注意。[1]

　　五卫府的主要职务是，负责宫内各门的守卫、负责御垣、禀院等地的警卫，以及夜间在宫城内与京内的巡逻。

　　首先来看有关诸门的守卫。负责各门的卫府是既定的，其部署如下（据《令集解·宫卫令》1 宫阁门条古记）：[2]

---

　　① 《养老选叙令》3 任官条。

　　② 《令集解》所引古记是天平十年（738）完成的大宝令的注释书。见井上光贞《日本律令の成立とその注释书》，《井上光贞著作集》第 2 卷《日本古代思想史の研究》，岩波书店，1986 年。首次发表为 1976 年。

外门（宫城十二门） … 卫门府

中门（宫门） … 卫门府·左右卫士府

内门（阁门） … 左右兵卫府

关于外门，鬼头清明氏指出不仅是门部，卫士（卫门府卫士）也负责守卫。[1] 在通过门的时候，卫府会进行严密检查，凡过人要查门籍，过物则要查门牓。[2]

此外，诸门之外的警备，还有宫城的御垣廻，大藏省、内藏寮、民部省的仓藏、丧仪司的库、马寮等。[3]

接下来看夜间巡逻，可以将其分作宫城内和京内两个区域。关于宫城内，养老宫卫令 4 开闭门条后半部分记载如下。

> 凡开闭门者……即诸卫按检所部及诸门，持时行夜者，皆须执杖巡行。分明相识，每旦色别一人，诣在直官长，通平安。

其中规定诸位带仗巡逻于所负责的区域，如无事，则将情况在次日早上向宿直的卫府长官（卫府的次官以上级别[4]）报告。《令集解》本

---

[1] 见鬼头清明《平城宫出土の卫士木简》，《古代木简の基础的研究》，塙书房，1993 年。首次发表为 1983 年，第 345—347 页。

[2] 《养老宫卫令》1 宫阁门条、《养老宫卫令》2 应入禁中条、《养老宫卫令》18 仗卫军器条、《养老宫卫令》25 诸门出物条各有规定。关于门籍、门牓，见今泉隆雄《门牓制·门籍制と木简—木简のライフサイクル—》（《古代木简の研究》，吉川弘文馆，1998 年），及马场基《宫城の警备》（平川南等编《文字と古代日本 2 文字による交流》，吉川弘文馆，2005 年），第 282—291 页。

[3] 《令集解·宫卫令》4 开闭门条古记载"左右卫士府中门，并御垣廻及大藏内藏民部外司丧仪马寮等，以卫士分配防守，以时检校"。

[4] 《令集解》本条古记载："官长，谓次官以上。凡卫府者长官次官一人，必宿直不得共退。今行事，官长谓次官。大平耳。"

条古记载"色别一人。谓兵卫々士门部，各诣本府官长。通平安也"，可知出去巡逻的是卫士和门部。另在《养老宫卫令》9库藏门条载：

> 凡库藏门，及院外四面，恒持仗防固。非司不得辄入。夜即分时检行。

关于本条，《令义解》中有"谓，卫士主司，各持时巡检也"的注释，似乎宫城内库藏的行夜巡行是由卫士独自进行的。

关于京内的夜间巡逻，《养老宫卫令》24分街条又如下规定。

> 凡京路，分街立铺。卫府持时行夜。夜鼓声绝禁行。晓鼓声动听行。若公使，及有婚嫁丧病，须相告赴，求访医药者，勘问明知有实，放过。非此色人犯夜者，卫府当日决放。应赎及余犯者，送所司。

在京内各所设置为了警备的"铺"作为诘所，进行夜间警备和巡行。但本条的"卫府持时行夜"部分，在大宝令中规定作"四卫府持时行夜[①]"，可知在8世纪前半叶，进行京内行夜巡行的只有左右兵卫和左右卫士府。

2. 各卫府的兵力

关于五卫府的兵力，卫门府由门部（200人）和卫士，左右卫士府由卫士，左右兵卫府由兵卫（各400人）组成。各卫府的卫士数量并未明确记载于职员令里，虽然在不同时期有所增减，但卫门府、卫

---

① 据《令集解》本条古记载："四卫府持时行夜。谓左右兵卫左右卫士也。"

士府最低也配有 200 人。①

接下来具体看兵力的人员身份，门部是从特定的氏族（"负名入色人"）中加以任命，如果人数不够，也允许从他氏中选取，但其总人数仅限三分之一以内。② 门部的这种特殊性，源自在 7 世纪宫城门由氏族依次进行守卫这一规定（在以往研究中，将这些氏族称作宫城门号氏族③）。

卫士则是到京师上番的各国军团士兵所服兵役，在人数上被看作是五卫府的主力。④ 由于卫士是从各地而来上番的士兵，因而在京师只从事作为卫士的守卫任务，没有其他生计。每天的食品与仕丁一样，依靠庸来支付，并由火头来做饭。⑤ 卫士的设置在大宝律令实施以前便已有之，⑥ 较律令军团制更早。在律令军团制出现后，虽然变为由军团向卫士进行供给的体制，但依然保持着与仕丁制的相似性，⑦ 这应该与军团的变迁无关，而是出于时刻保持宫城守备兵力所需吧。

最后来看兵卫，其不仅在五卫府中守卫的场所距离天皇最近，在天皇巡幸期间，也要负责队伍前后的警卫工作。人选则是内六位以下八位以上的嫡子中在简试里取得中等评价者，以及诸国郡司的子弟。⑧ 并

---

① 见笹山晴生《令制五卫府の成立と展开》，《日本古代卫府制度の研究》，东京大学出版会，1985 年，第 45—46 页注（3）。

② 延喜兵部式门部条。

③ 关于宫城门号氏族，见井上薰《宫城十二门の门号と乙巳の变—大化改新と军制—》，《日本古代の政治と宗教》，吉川弘文馆，1961 年。首次发表为 1954 年。

④ 《养老军防令》14 兵士以上条。关于军团和卫士的关系，见桥本裕《卫士制の运用をめぐって》（《律令军团制の研究 增补版》，吉川弘文馆，1990 年。首次发表为 1976 年）；笹山晴生《令制五卫府の成立と展开》及拙稿《律令军团制の成立と构造》（《律令国家の军事构造》，同成社，2016 年。首次发表为 2007 年）。

⑤ 《养老军防令》12 兵士向京条。

⑥ 《续日本纪》大宝元年八月丙寅条载"令诸国加差卫士，配卫门府焉"，从其中"加差"推测得知。

⑦ 见桥本裕《卫士制の运用をめぐって》。

⑧ 《养老军防令》38 兵卫条、47 内六位条。

接受季禄，每年纳入工作评定中，① 是与律令官人体系末端相连的存在，与卫士从根本上存在差异。关于兵卫的活动，从平城宫木简及二条大路木简，可知其曾被派遣负责宫城外皇后宫的警备，其具体活动情况目前正逐渐清晰起来。②

此外，作为与五卫府相关的军事官司，有掌管朝廷马政的左右马寮，武器的管理则由左右兵库和内兵库负责。作为禁军的五卫府，与这些官司彼此协作进行活动。

二、律令制与"将军"：从叛乱对策的视角

在上一章对五卫府制的大致情况进行了介绍。五卫府制是因大宝律令的实施而出现的。此时，包括卫士的名称在内，其皆模仿自唐的南衙禁军，即左右十二卫（左右卫、左右骁卫、左右武卫、左右威卫、左右领军卫、左右金吾卫）。③ 左右十二卫的卫士由设置在各地的折冲府进行供给，守卫皇城的总人数平时不少于 8 万人。如此强大的兵力方能在必要之时集结成守护京师的强有力的军队。④

左右十二卫的长官是大将军，作为武官的名号被授予将军号。如左右卫的场合，在《唐六典》卷二四《诸卫》中作"左、右卫，大将军各一人。正三品。……，将军各二人，从三品。……左、右卫大将军、将军之职，掌统领宫廷警卫之法令，以督其属之队杖，而总诸曹

---

① 《养老禄令》8 兵卫条、《养老军防令》37 兵卫考满条。

② 高桥周《兵卫关连木简的再检讨—二条大路出土的门号木简为中心に—》（《学习院史学》39 号，2001 年）；市大树《大宝令施行直后の卫门府木简群》（《飞鸟藤原木简の研究》塙书房，2010 年。首次发表为 2007 年）。

③ 南衙禁军的组织结构可见于《唐六典》卷二四《诸卫》；同书卷二五《诸卫府》。

④ 见滨口重国《府兵制度より新兵制へ》，《秦汉隋唐史の研究》上卷，东京大学出版会，1966 年。首次发表为 1930 年。

之职务"，可知长官有大将军一人，次官则设置有将军两人。从表1可以看出，在日本的五卫府中，没有设置任何将军号是一大特征。[1]为什么会有这样的差异，这意味着什么呢？

在奈良时代，有派遣军队进行征伐时任命的出征将军等诸多可以确认的关于"将军"的实例。根据北启太氏的研究，这些"将军"可以大致分为如下五类。[2]

〔A〕律令所规定的将军（出征将军）

〔B〕在中央的临时的将军

〔C〕大将军

〔D〕作为令外官的常设的将军

〔E〕作为一般称呼上的将军

接下来对此五种按顺序加以探讨。首先，关于〔A〕的出征将军，在规定有征伐部队规模幕僚结构的《养老军防令》24将帅出征条载：

> 凡将帅出征，兵满一万人以上，将军一人、副将军二人、军监二人、军曹四人、录事四人。五千人以上，减副将军夂监各一人、录事二人。三千人以上，减军曹二人。各为一军、每总三军，大将军一人。

披露了其领导层，代替天皇指挥征伐部队（在唐代则为行军）的是将军。[3]

---

① 关于这一点已在拙稿《古代国家の军事组织とその变质》中指出过（第119页）。

② 见北启太《律令国家における将军について》，笹山晴生先生还历记念会编《日本律令制论集》上卷，吉川弘文馆，1993年。

③ 对于唐称之为行军而言，日本称为征讨军。见拙稿《日唐征讨军の内部秩序と专决权》（收入拙著《律令国家の军事构造》）的注（1）。

该令18节刀条载：

> 凡大将出征，皆授节刀。辞讫，不得反宿于家。其家在京者，每月一遣内舍人存问。若有疾病者，给医药。凯旋之日，奏遣使郊劳。

象征着天皇军队指挥权的宝器"节刀"一旦授予（临时）给将军后，直到凯旋之日，都不能回家，这正是只有在出征之际的临时的一种身份。[1] 与中国诸王朝的皇帝经常举行亲征不同，至少在 7 世纪以后的古代日本，天皇从未亲自率领军队奔赴前线过。[2] 因此在派遣征伐部队时，一定会将指挥权委托给出征将军，并临时授予其作为象征着天皇代理人的节刀。

对于〔A〕情况而言，重要的是在日本律令条文中所见的"将军"全部都是指代出征将军。正如北氏所指出的，律令中的"将军"应该都是指出征将军这一种身份。[3]

接下来看〔B〕～〔E〕的"将军"。〔B〕是在迎接新罗使之际任命的"骑兵大将军"[4]、担任圣武天皇行幸护卫的"前骑兵大将军"（"后骑兵大将军"）[5]、检校兵库的"检校兵库将军"等，[6] 是在中央设置的具有时效性的"将军"。〔C〕是下毛野古麻吕、大伴安麻吕、

---

① 关于节刀，见龙川政次郎《节刀考》，《国学院大学 政经论丛》5 卷 1 号，1956 年。

② 这与天皇作为君主的性质有很深关系，但本文无暇探讨这一问题，待有机会再考。关于古代日本的天皇制，见大津透《古代の天皇制》（岩波书店，1999 年）等。

③ 见北启太《律令国家における将军について》，第 480—481 页。

④ 《续日本纪》庆云二年（705）十一月己丑条。此外，关于迎接新罗使之际，在《续日本纪》和铜七年（714）十一月庚戌条还可看到"左将军""右将军""副将军"。

⑤ 《续日本纪》天平十二年（740）十月丙子条。

⑥ 《续日本纪》神护景云二年（768）十一月己亥条。

新田部亲王担任过的"大将军",[①] 虽然关于其权限有诸多说法,[②] 但可以将之看作是奈良时期权力斗争过程中临时产生的中央的将军职务。〔D〕是指设置在陆奥国的镇守将军以及藤原广嗣之乱后,临时废止大宰府时设置的镇西府将军。[③] 掌管边境要地这一点是其特征。最后的〔E〕,是在《续日本纪》养老五年(721)12月辛丑条"太政官奏,授刀寮及五卫府,别设钲、鼓各一面,便作将军之号令,以为兵士之耳目,节进退动静。奏可之"中的"将军"。在五卫府和令外的卫府的授刀舍人寮(详见后文)中并没有"将军"这一官职,而且,从与"兵士"形成对仗这一点来看,应只是形容统帅士兵的一般性称呼。[④]

通过上述整理可以看出,在〔A〕与〔B〕~〔E〕的"将军"之间,有一个较大差异,即有无节刀的临时授予。据此,五种"将军"进一步可区分做如下区分:

临时授予节刀的"将军"　　　〔A〕

未被临时授予节刀的"将军"　〔B〕、〔C〕、〔D〕、〔E〕

在进行这样一种分类时,我们不仅需要考虑,临时授予节刀的"将军"与未被临时授予节刀的"将军"之间存在何种军事上的差异呢?

---

① 《续日本纪》和铜二年(709)十二月壬寅条载"式部卿大将军正四位下下毛野朝臣古麻吕卒"、和铜七年五月丁亥朔条载"大纳言兼大将军正三位大伴宿祢安麻吕薨"、神龟五年(728)七月乙卯条载"敕三品大将军新田部亲王授明一品"。虽有薨卒记事和叙位记事,但却没有记载其职掌的具体内容。

② 见笹山晴生《中卫府の研究—その政治史的意义に关する考察—》(《日本古代卫府制度の研究》,东京大学出版会,1985年。首次发表为1957年)第95页;请田正幸《七世纪末の兵政官—新罗官制と比较して—》(《ヒストリア》81号,1978年)第6—10页;野田岭志《大将军と古代天皇の武力》(《律令国家の军事制》,吉川弘文馆,1984年)等。

③ 关于镇守府,见铃木拓也《古代陆奥国の官制》(《古代东北の支配构造》,吉川弘文馆,1998年。首次发表为1994年)。镇西府持续存在于天平十五年(743)到同十七年(745)之间。关于其设置记载,见《续日本纪》天平十五年十二月辛卯条。

④ 见北启太《律令国家における将军について》,第485—486页。

首先需要思考的是节刀的临时授予具有何种意义。关于节刀，《令义解》对前引《养老军防令》18 节刀条的注释载"凡节者、以髦牛尾为之。使者所权也。今以刀剑代之。故曰节刀。虽名实相异，其所用者一也"，是象征天皇代理人的一把刀。[①] 关于节刀的临时授予，由于不见于遣新罗使和遣渤海使的相关史料中，因而应该只有在遣唐使和出征将军之际才会被授予。

那么，节刀究竟具有何种效力呢?《续日本纪》宝龟七年 (776) 四月壬申条记载有对遣唐使临时授予节刀的内容，从中可以窥见具体情况。

> 御前殿，赐遣唐使节刀。诏曰，天皇我大命良麻等遣唐国使人尔诏大命乎，闻食止宣。今诏，佐伯今毛人宿祢、大伴宿祢益立二人，今汝等二人乎遣唐国者，今始豆遣物尔波不在。本与利自朝使其国尔遣之，其国与利进渡祁里。依此豆使次止遣物曽。悟此意豆，其人等乃和美安美应为久相言部。惊吕之岐事行奈世曽。<u>亦所遣使人判官已下死罪已下有犯者，顺罪豆行止之豆，节刀给久止诏大命乎，闻食止宣。</u>

---

① 节刀在养老贼盗律盗节刀条注载"谓，皇华出使，黜陟幽明，将军奉诏，宣威殊俗，皆执节刀，取信天下"，相对应的唐律疏文载"节者，皇华出使，黜陟幽明，辀轩奉制，宣威殊俗，皆执旌节，取信天下"，可知与唐对出征元帅临时授予"旌节"相对。关于节刀和旌节的关系，龙川氏论文《节刀考》第 10—17 页进行了详细论述。

此外，关于与《养老军防令》18 节刀条相对应的唐令，仁井田陞《唐令拾遗》(东京大学出版会，1964 年。初版为东方文化学院，1933 年) 将"节刀"复原作"斧钺"，但据中村裕一氏的研究，在唐代实际上授予的并非斧钺，而是旌节。因此，唐令体现的是早期形态，实际上尚与节刀对应的是旌节。见中村裕一《唐代の军制に关する若干の考察》(《唐代官文书研究》中文出版社，1991 年。首次发表为 1975 年)，第 138—142 页。

下划线部分是天皇在宣布转移刑罚权的同时临时授予节刀的内容，其也体现出了节刀和刑罚权之间的关系。此时，遣唐使一行因错过了"水候"而延期改为翌年四月出发。[①] 但大使佐伯今毛人因病无法渡海，便命副使小野石根"持节先发，行大使事"。[②]

值得注意的是，此时光仁天皇令遣使者下诏（"遣右中弁从四位下石川朝臣丰人，宣诏使下曰，判官已下犯死罪者，听持节使头专恣科决"[③]）。"持节使头"，也就是认定小野石根代替佐伯今毛人持节刀，并拥有对判官以下人员的死罪专决权。这表明原则上即便不是大使本人，只要是持有节刀者便可代天皇行使刑罚权。这一事例虽然是遣唐使的情况，但在出征将军的情况下，也可见到同样的事实。如《续日本纪》延历七年（788）十二月庚辰条载：

> 征东大将军纪朝臣古佐美辞见。诏，召升殿上，赐节刀。因赐敕书曰，夫择日拜将，良由纶言。推毂分阃，专任将军。如闻，承前别将等，不慎军令，逗阙犹多。寻其所由，方在轻法。宜副将军有犯死罪，禁身奏上，军监以下依法斩决。坂东安危，在此一举。将军宜勉之。因赐御被二领，采帛卅疋，绵三百屯。

征东大将军纪古佐美在辞见之际，于殿上被授予节刀，在获赐"敕书"的同时，明确表明给予其对副将军以下人员的赏罚权。这一"敕书"被看作是类似于明确体现了赋予刑罚权的天皇的私状。可以说，正是因为对遣唐大使没有授予"敕书"的迹象，"敕书"在出征将军

---

① 《续日本纪》宝龟七年闰八月庚寅条。

② 《续日本纪》宝龟八年（777）四月癸卯条。

③ 《续日本纪》宝龟八年四月癸卯条。

背后带有再次明确体现天皇权力存在的意味。[①]

上文都是通过 8 世纪后半叶的史料进行的探讨。无法确认 8 世纪前半叶展现刑罚权实际情况的具体史料，因此很难说上述节刀的情况是否可以上溯至 8 世纪初期。但不可否认的是，节刀与刑罚权之间具有密切联系。节刀是表明其持有人具有代表统率权的刑罚权的象征。据北氏的研究，刑罚权的内在是对除具有持节刀资格者以外的几乎全员的死罪专决权。而且由于出征副将军在临时授予节刀之际不升殿，因而出征将军的权限较之遣唐大使更高，是强化将军权力的最高性的一种举措。[②] 节刀的临时授予，意味着天皇自身保障了出征将军的统率权。

这样对节刀和将军的关系进行理解的话，在律令制中只把将军规定为出征将军，也就意味着在法制上最小限度控制天皇统率权的委托对象。也就是说，在 7 世纪末建构律令体制时，为政者认为"将军"的本质是天皇统率权的委托对象，这一措置避免了在律令法规上规定多位"将军"，而只对左右国家命运的出征将军进行明文化规定。因此，与唐不同，日本的五卫府长官不带有将军号。

那么为什么为政者在律令条文上规定"将军"时要如此神经紧张呢？这一措置被看作是为避免在法制上设置除天皇和出征将军以外的具有强有力统率权的人选而规定的。也就是说，其背后是敏感地意识到成为政治斗争当事人的皇族和中央氏族（8 世纪以后的律令贵族）的存在。

这令人想起 672 年爆发的古代最大的内乱——壬申之乱。壬申之乱是天智天皇的皇子大友皇子与天智天皇的同母胞弟大海人皇子之间

---

① 见北启太《律令国家における将军について》，第 501—506 页。

② 见北启太《律令国家における将军について》，第 500—501 页。

围绕皇位继承进行的斗争。① 最终以大海人皇子的胜利告终，他即位是为天武天皇。通过政变取得胜利的天武为防止自身统治受到同样的威胁，开始寻求预防叛乱之策。笔者曾解明，天武朝以后的军事政策很大程度上体现出了这一点，并形成了 8 世纪的律令军事体制。② 律令中对于"将军"的设置限制，应该也是在预防叛乱这一天武朝后的基本路线下实施的，可以将之看作是顾虑到皇族和律令贵族存在的一种措置。

三、令外卫府的创立与律令贵族：以中卫府为中心

虽然"将军"在律令上处于上一章所讨论的定位，但从其实例可分类为〔A〕～〔E〕也可以看出，早在 8 世纪初期便已设置了"骑兵大将军"分类〔B〕。这是由于为了迎接新罗使这一特殊事例，具有对新罗使的仪仗性意义，因而不得不射礼令外的"将军"。但是〔B〕～〔E〕的"将军"都不存在临时授予节刀的痕迹，可以说明确区别于律令中的将军。

与这样的事态同时发生的是，随着政治状况的转变，中央兵力也发生了变质。特别是神龟五年（728）设置的中卫府。关于其官制，规定如下（《续日本纪》同年 8 月甲午条）。

又，置中卫府。大将一人。从四位上。少将一人。正五位上。

---

① 关于壬申之乱，见直木孝次郎《壬申の乱　増补版》（塙书房，1992 年。初版为 1961 年），及井上光贞《壬申の乱—とくに地方豪族の动向について—》（《井上光贞著作集第 1 卷　日本古代国家の研究》，岩波书店，1985 年。首次发表为 1965 年）。

② 见拙稿《律令军团制の成立と构造》。

> 将监四人。从六位上。将曹四人。从七位上。府生六人。番长六人。
> 中卫三百人。号曰东舍人。使部已下亦有数。其职掌，常在大内，
> 以备周卫。事并在格。

长官是从四位上的大将，拥有号称"东舍人"的中卫 300 人的兵力。在此值得注意的是与五卫府所不同，将长官称作"大将"这一点。关于"大将"一词，在规定了出征将军权能的《养老军防令》25 大将出征条载：

> 凡大将出征，临军对寇，大毅以下，不从军令，及有稽违阙
> 乏军事，死罪以下，并听大将斟酌专决。还日具状申太政官。若
> 未临寇贼，不用此令。

在军防令中，其是与出征将军同义的职位名称。[1] 中卫大将并不被授予节刀，其与出征将军是完全不同的武官。然而与大宝令制度下的五卫府长官名称——"督"（卫门府、卫士府）、"率"（兵卫府）相较来说，中卫府的"大将"这一长官名称带有离"将军"更接近的意味，作为新的常设中央兵力的武官名称而出现这一点值得注意。而且中卫大将的官位相当于从四位，较表 1 所见五卫府长官更高。这自然表明中卫府是在五卫府地位之上的中央兵力。结合"大将"这一长官名称来看，中卫府应该是作为统率五卫府兵力的卫府而建立的。

在探讨中卫府性质之际，必须注意到该卫府并非是全新建立的，而是在庆云四年（707）七月设置的授刀舍人寮的基础上扩充强化后

---

① 关于本条在律令军事体制中的意义，见拙稿《日唐征讨军の内部秩序と专决权》（收入拙著《律令国家の军事构造》）。

形成的。① 关于授刀舍人寮，《续日本纪》养老四年（720）八月甲申条载"诏以舍人亲王为知太政官事。新田部亲王为知五卫及授刀舍人事"，可知其是与五卫府规格是同等的令以外的军事官司。在设置之时，由于文武天皇于上个月刚刚驾崩，因而有必要对未来的皇位继承人，其年尚幼的首皇子（以后的圣武天皇）以及接替文武天皇即位的元明天皇（文武天皇之母）周边加以护卫（关于血缘关系，详见图1）。②

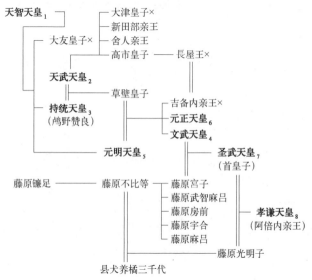

图1　天皇家与藤原氏关系图（仅表示与本文相关的范围）

备注：数字是皇位继承顺序、×是因变乱而死亡的人物。

---

　① 《续日本纪》庆云四年（707）七月丙辰条有"始置授刀舍人寮"，但没有明确体现其官制和职务的史料。笹山氏认为，由于在《续日本纪》中，授刀舍人寮自中卫府设置的前年，即神龟四年开始便不再出现，可见其与中卫府的沿袭关系，本文对此也持赞同意见。见笹山《中卫府の研究—その政治史的意义に关する考察—》，第92—93页。

　② 龙川政次郎《授刀舍人について》（《续日本纪研究》3卷4号，1956年）将此视为设置授刀舍人寮的目的。

鉴于这种现状，元明天皇设置的授刀舍人被其女儿元正天皇所沿袭，[①] 此后的圣武天皇继续保留了授刀舍人，并对其寄予很深的信任，这是了解设置授刀舍人直接目的的关键所在。[②] 当时，由天武天皇与鸬野赞良（持统天皇）所生，此后在皇太子位上死去的草壁皇子的血统继承皇位是基本方针（图1）。为维护这一方针，需要将能够抑制政变发生的亲卫军控制在身侧。然而，五卫府是律令国家的中央兵力，处于由律令贵族组成的太政官的管理下，很难按照天皇的意志任意行动。因此，如井上薰氏指出的，设置授刀舍人的目的应该是为了设置天皇能够一定程度上加以自由指挥的新的军事力量。[③] 授刀舍人寮在唐制中，便相当于皇帝亲卫部队的北衙禁

---

① 见上一章所引《续日本纪》养老五年十二月辛丑条。

② 在称德天皇于神护景云三年（769）十月所颁布诏书中引用了元正天皇和圣武天皇的诏书。所引圣武天皇诏书部分载"复敕志久，朕я东人尔授刀天侍之牟留事波，汝乃近护止之天护近与止念天奈毛在。是东人波常尔云久，额东方箭波立止毛背尔波箭方不立止云天，君乎一心乎以天护物曾。此心知天汝都可弊止敕比之御命乎不忘"（《续日本纪》同年月乙未朔条）。据井上薰氏，本诏书是天平胜宝元年（749）七月，让位于皇太子阿倍内亲王时颁布的，从中可以看出圣武天皇将授刀舍人作为自己的"近护"而深深信任。见井上薰《舍人制度の一考察—兵卫・授刀舍人・中卫舍人—》（收入井上薰《日本古代の政治と宗教》，首次发表为1960年），第59页。

此外，虽然授刀舍人寮在改组为中卫府后消失不见，但于天平十八年（746）再次得到了设置（《续日本纪》同年2月己丑条。下文暂称之为"第二次授刀舍人"）。上段所引"东人尔授刀天侍之牟留事"应该就是指第二次授刀舍人。关于第二次授刀舍人的设置目的，如笹山氏所述，在因圣武天皇的身体状况不佳而使得皇嗣问题引发政界动荡的天平十八年，有保护好皇太子阿倍内亲王周边安全的需要。如后所述，由于中卫府作为藤原氏军事基础的性质进一步加强，能够维护圣武天皇政治势力权益的亲卫军就再次变得有必要了起来。关于第二次授刀舍人的定位，见笹山晴生《授刀舍人补考—和铜元年天皇御制歌の背景—》（收入《日本古代卫府制度の研究》，首次发表为1968年）。

③ 见井上薰《舍人制度の一考察—兵卫・授刀舍人・中卫舍人—》，第56—61页。

军吧。① 因此，在授刀舍人寮基础上继承发展而成的中卫府，在设置当初就带有上述这一特征。那么为什么在这个时间节点上作为五卫府的上级卫府而设置了中卫府呢？通过对神龟五年前后的政治形势加以确认，翌年发生的长屋王之变值得留意。长屋王是在壬申之乱中活跃的天武天皇的长子高市皇子之子，② 在圣武朝是很有希望的皇位继承人（图1）。此时的他是正二位左大臣，在藤原不等比死后，是政治地位仅次于天武天皇的皇子舍人亲王的人物。《续日本纪》神龟六年（729）二月辛未条载：

> 左京人从七位下漆部造君足，无位中臣宫处连东人等告密称，"左大臣正二位长屋王，私学左道，欲倾国家"。其夜，遣使固守三关。因遣式部卿从三位藤原朝臣宇合、卫门佐从五位下佐味朝臣虫麻吕、左卫士佐外从五位下津嶋朝臣家道、右卫士佐外从五位下纪朝臣佐比物等，将六卫兵，围长屋王宅。

漆部君足与中臣宫处东人密告长屋王有谋反的嫌疑，卫府兵力包围了长屋王宅邸。从"六卫兵"可以看出，调动的卫府应该是中卫府和五卫府。

需要注意的是率领卫府兵力的人是藤原宇合。虽然卫府的武官也同行，但都是次官（佐），包围部队的最高领导是文官的式部卿藤原宇合。由此，长屋王之变与藤原氏的关系也就浮出了水面。

---

① 关于北衙禁军，见菊池英夫《唐府兵制の成立过程と北衙禁军の起源》（《东洋史学》13辑，1955年）；蒙曼《唐代前期北衙禁军制度研究》（中央民族大学出版社，2005年）；林美希《唐代前期における北衙禁军の展开と宫廷政变》（《史学杂志》121编7号，2012年）等。

② 见直木孝次郎《壬申の乱 增补版》。

事实上长屋王并没有谋反的意图，但仍被加以莫须有之罪而被迫自尽，这在八世纪末编纂《续日本纪》时已经是官员们彼此心知肚明的事情。在《续日本纪》天平十年（738）七月丙子条记载了如下事件。

> 左兵库少属从八位下大伴宿祢子虫，以刀斫杀右兵库头外从五位下中臣宫处连东人。初子虫，事长屋王，颇蒙恩遇。至是，适与东人任于比寮。政事之隙，相共围棋。语及长屋王，奋发而骂，遂引剑斫而杀之。东人，即诬告长屋王事之人也。

曾受长屋王恩遇的大伴子虫杀害了密告者中臣宫处东人。《续日本纪》的编纂者记载了东人就是"诬告"长屋王的人，[1] 可见长屋王确实没有谋反实据。密告时无位的东人此后因密告之功被晋升为右兵库头外从五位下，在其背后应该有一双看不见的黑手存在。

藤原氏的藤原光明子嫁给了当时尚为皇太子的圣武天皇，这时的光明子地位是夫人。天皇的后宫自上到下有妃、夫人、嫔三个等级，夫人正是第二等级（养老后宫职员令）。皇后从妃之中选立，妃则从皇女中选取。[2] 也就是说，按照律令的规定，作为藤原氏出身的光明子是不可能成为皇后的，连圣武天皇的母亲宫子也始终只是夫人（图1）。藤原武智麻吕、房前、宇合、麻吕四兄弟，因为异母胞妹的光明子产下男孩，希望通过带有藤原氏血液的皇子即位作为外戚掌握政治

---

① 所谓诬告，是指故意歪曲事实进行的控告。《故唐律疏议·斗讼律》40 诬告谋反人逆条疏文载"谓知非反逆，故欲诬之"。与该条相对应的日本律是，作为养老律复原的"诬告谋反及大逆""斩"（律令研究会编《译注日本律令 三 律本文篇下卷》〔东京堂出版，1975 年〕，第 645—646 页）。

② 关于古代日本的"后"，见岸俊男《光明立后の史的意义—古代における皇后の地位—》，《日本古代政治史研究》，塙书房，1966 年。首次发表为 1957 年。

权力。光明子在圣武天皇即位后的神龟四年（727）生下了期待已久的男孩，虽然他在一个月后便被立为皇太子，但在翌年便不幸夭折。[①] 原本此时应该静待再次生一个男孩，但形势不允许。因为就在光明子所生皇子夭折的神龟五年，圣武天皇与县犬养广刀自生下了唯一的男孩安积亲王。[②] 因此，立安积亲王为太子便成为了不可避免的重大政治问题。藤原四兄弟便筹划通过让光明子成为皇后，来保持在政治上的优势。因此，长屋王之变被看作是藤原不比等之子藤原四兄弟所实施的阴谋事件。[③] 藤原四兄弟为强化与天皇权力的联系，谋划将藤原光明子立为作为人臣的第一位皇后。在实现这一目标中可以想到的最大阻碍就是长屋王，因此为了排除在光明子立后及围绕圣武天皇下一任皇位继承人上的不安定因素，长屋王及其王子们被排除出去了。[④]

在这一政治形势之下，在创立中卫府过程中藤原氏的参与便颇值得怀疑了。笹山晴生氏将中卫大将的担任者整理为下表2。[⑤]

表2　中卫大将任官者一览

任 官 年 月	姓　名	典 出 史 料
天平二年（730）十月	藤原房前	《公卿补任》
天平十二年（740）正月	藤原丰成	《公卿补任》

① 《续日本纪》神龟四年闰九月丁卯条、同年十一月己亥条、五年九月丙午条。

② 安积亲王于天平16年（744）闰正月丁丑死去（《续日本纪》），时年17岁。虽然《续日本纪》未记载其出生时间，但推算当为神龟五年。

③ 见岸俊男《光明立后の史的意义—古代における皇后の地位—》，第247—251页；佐藤信《律令国家と天平文化》，佐藤信编《日本の时代史4 律令国家と天平文化》，吉川弘文馆，2002年，第34—38页。

④ 见井上薰《长屋王の变と光明立后》，收入井上薰《日本古代の政治と宗教》，首次发表为1957年。

⑤ 见笹山晴生《中卫府の研究—その政治史的意义に关する考察—》。

任官年月	姓 名	典出史料
天平胜宝元年（749）八月	藤原仲麻吕	《公卿补任》
天平宝字八年（764）九月	吉备真备	《公卿补任》
宝龟九年（778）二月	藤原百川	《续日本纪》
宝龟十年（779）九月	藤原绳麻吕	《续日本纪》《公卿补任》
宝龟十年十二月	藤原田麻吕	《续日本纪》《公卿补任》
天应元年（781）六月	藤原是公	《续日本纪》《公卿补任》
延历八年（789）十月	藤原继绳	《续日本纪》《公卿补任》
延历十五年（796）十二月	藤原雄友	《日本后记》《公卿补任》
延历十六年（797）三月	藤原乙叡	《日本后记》《公卿补任》
大同元年（806）四月	坂上田村麻吕	《日本后记》《公卿补任》

备注：1. 本表参考了笹山晴生《中卫府の研究—その政治史的意义に关する考察—》中的中卫大将一览表。2. 藤原田麻吕不是大将，而是权大将。

虽然在五卫府的长官人选中看不出某一特定氏族独占的倾向，[1]但在中卫府上，则可以很清楚的看出是由藤原氏家族担任的。

在长屋王之变发生之时的中卫大将，很可能是藤原宇合的哥哥房前。[2]也就是说，藤原氏企图将自身的军事基础放置于中央政界，因而在圣武天皇这里推动了中卫府的设置。圣武天皇的母亲是藤原不比等的女儿宫子，所以圣武自己身上也流淌着藤原氏的血液（图1）。正由于此，圣武才会对立光明子为后表示赞同，并允许藤原氏强化其

---

[1] 关于五卫府长官的人事及其倾向，见山田充昭《八、九世纪における卫府官人の动向と光仁朝の意义》，《北大史学》34号，1994年。

[2] 如表2所示，在《公卿补任》天平二年条中作"十月一日任中卫大将"。但在《万叶集》卷五所收天平元年10月7日的大宰帅大伴旅人的书状中有"中卫高明阁下"，由于这件书状是发给藤原房前的，因此房前在天平元年时应该已经是中卫大将了。如此，《公卿补任》的记述有误，笹山氏认为很可能在密告这一阶段其便已是中卫大将。见笹山晴生《中卫府の研究—その政治史的意义に关する考察—》。

权力基础吧。对于藤原氏来说，可以说中卫府正是压制长屋王势力，从而让光明子为后顺利实施的一把中央兵力的钥匙。

综上表明，中卫府是在带有藤原氏军事基础性质而建立的，此后在中央政界备受重视。藤原氏是只允许辅佐天智天皇的藤原镰足一系的子孙掌权的氏族，是八世纪的新兴氏族之一。但他们通过巧妙利用律令体制，逐步提高其作为律令贵族的权势。中卫府的建立便典型地体现出，中央兵力与律令贵族的发展相呼应而不断转变其形态的。

结　　语

本文探讨了古代日本的中央兵力及律令贵族的关系。与唐所不同，五卫府长官的官职名称都不带有将军号，这来源于天武朝以来预防叛乱的基本军事政策路线。是思虑到皇族和律令贵族的政治权力后采取的措置。

8 世纪设置了作为令之外的卫府的授刀舍人寮，并扩充发展为中卫府。这是相当于唐代北衙禁军的中央兵力，作为天皇能够在某种程度上自由指挥的亲卫军，其目的是为了保全天皇及其政治势力。但中卫府处于藤原氏的强有力的影响之下，不只是天皇家的亲卫军，同时还是构成藤原氏权力基础的重要军事组成部分。

这种中卫府的双重特性很大程度源于圣武天皇的个人属性。在天皇家，圣武天皇作为继承草壁皇子血统的唯一男子，有必要维持其皇统，并牵制其他皇族势力及与之相关的律令贵族。而站在藤原氏的立场上来看，圣武天皇与藤原氏血脉相连，其还立藤原光明子为后，是对藤原氏予以支持的值得期待的人选。正是这种个人属性和与之相关的势力的层层联系才构建了中卫府的如此特性。

中央兵力往往深受政治权力及政局变化的影响，与皇权及律令贵族的变迁具有密切联系。本文的考察对象是中卫府，对于其他卫府及律令贵族的私人兵力并未触及，这也将作为今后的研究方向。

（本文作者为日本金泽大学人间社会研究域准教授
本文译者为中国社会科学院助理研究员）